Mit Stäbchen zur schlanken Linie

Asia-Diät
leicht genießen

Sarah Klein

südwest

Inhalt

Fit & schlank

Abnehmen und dabei genießen

Das Geheimnis der Asia-Diät ist rasch gelüftet: Sie kochen und schlemmen Gerichte, bei denen Frisches im Mittelpunkt steht und bei denen mit Fett sparsam umgegangen wird. Gerichte, die aus Asien und vom indischen Subkontinent stammen oder dort ihre Vorbilder haben.

Diätfrust

Sie mögen asiatisches Essen, und Sie wollen abnehmen. Sie haben vielleicht im Lauf der Jahre bereits die eine oder andere Diät ausprobiert – leider ohne dauerhaften Erfolg. Zwar haben Sie abgenommen, nach der Diät aber rasch wieder zugenommen. Der Grund: Manche Diäten, und ganz besonders alle Crashdiäten, bedeuten meist Verzicht und oft auch Frust. Im Anschluss an die Diät lebt und isst man wieder wie zuvor. Die Folge: Das aufwändig erreichte Idealgewicht ist nach wenigen Wochen erneut überschritten, und oftmals zeigt die Waage dann sogar einen höheren Wert als vor der Diät.

Jo-Jo-Effekt

Dieses Auf und Ab beim Gewicht nennt man Jo-Jo-Effekt. Während einer Diät muss der Körper mit einer kleineren als der gewohnten Nahrungsmenge auskommen. Er reduziert deshalb seinen Energieverbrauch und schaltet quasi einen Schongang ein. Dieser Schongang lässt sich nicht von heute auf morgen wieder ausschalten. Und: Bekommt der Körper nach der Diät wieder die zuvor gewohnte Nahrungsmenge, ist diese ganz einfach zu viel.

SINN UND UNSINN VON DIÄTEN

Asia-Diät

Eigentlich ist die Asia-Diät gar keine Diät. Es gibt keine strengen Tagespläne und kein Zählen von Kalorien. Sie müssen auf nichts verzichten – Genuss steht im Vordergrund. Und doch purzeln die Pfunde. Anfangs sind es zwei bis drei Kilogramm in der Woche, später geht's etwas langsamer bergab. Das Geheimnis: Sie kochen und genießen abwechslungsreiche, schmackhafte Gerichte, die allesamt aus einer der verschiedenen asiatischen Küchen stammen. Leicht abgewandelt und ein wenig dem asiatisch-europäischen Geschmack angepasst, vor allem aber zubereitet mit Lebensmitteln, die bei uns in Supermärkten, Asienshops oder Bioläden verkauft werden.

Die asiatischen Kochgewohnheiten sind aus vielen Gründen ideal für eine Diät. Gewöhnlich essen wir zu fett, zu eiweißreich und zu ballaststoffarm. Asiatische Speisen sind anders, nämlich in der Regel leicht, fettarm, vitamin- und ballaststoffreich. Meist steht Gemüse im Mittelpunkt, Fleisch und Fisch sind eher feine Begleitung. Das Gemüse wird gewöhnlich nur kurz gegart, dabei bleiben wertvolle Inhaltsstoffe erhalten. Fettarme Garmethoden wie Dämpfen oder das Rührbraten im Wok werden bevorzugt, mit Fett sparsam umgegangen. Leichte Suppen isst man reichlich, und bei den Desserts sind frische Früchte am beliebtesten.

Mit der Asia-Diät haben Sie gut lachen! Ohne strenge Ernährungspläne verlieren Sie überflüssige Pfunde, ohne auf Genuss zu verzichten.

Um die Rezepte aus diesem Buch nachzukochen, brauchen Sie keinen so gut sortierten Asialaden wie hier in Chinatown. Aber es gibt dort auf jeden Fall viel zu entdecken.

Wichtig: Bitte nicht einfach in asiatischen Kochbüchern blättern und sofort drauflos kochen. Längst nicht alle Speisen Asiens sind leicht und kalorienarm. Auch Frittiertes ist beliebt, fettreiche Fleischstücke durchaus üblich. Solche Gerichte sollten Sie unbedingt meiden, wenn Sie abnehmen möchten.

Sie möchten abnehmen? Fühlen sich in Ihrer Haut nicht wohl? Stellen Sie sich einmal die Frage nach Ihrem »Wohlfühlgewicht«. Bei welchem Gewicht sind Sie rundum mit sich zufrieden?

FETTARM
GENIESSEN
UND ABNEHMEN

Mal ehrlich: Wo liegt Ihr ganz persönliches Wohlfühlgewicht? Vergessen Sie Claudia Schiffer, versuchen Sie nicht, jungen Models nachzueifern. Je nach Körperbau ist auch die Erscheinung der Menschen unterschiedlich. Bei der Frage nach dem richtigen Gewicht stößt man auf die Begriffe Idealgewicht und BMI. Doch was steckt dahinter? Wer sich gern an wissenschaftlichen Werten orientiert, kann diese verschiedenen Formeln heranziehen. Früher berechnete

Bedenken Sie, dass Übergewicht den Körper belastet und verschiedene Beschwerden verursachen kann. Nehmen Sie ab, bevor sich gravierende Spätfolgen einstellen.

TIPP
TIPP

Um Fett zum Braten einfach zu reduzieren, können Sie Öl in eine lebensmitteltaugliche Sprühflasche füllen und damit Wok oder Pfanne ganz dünn mit einem Fettfilm überziehen.

INFO

$$BMI = \frac{\text{Körpergewicht (kg)}}{\text{Körpergröße x Körpergröße (m)}}$$

Beispiele:

1) Bei einem Gewicht von 60 Kilogramm und einer Körpergröße von
1,66 Meter beträgt der BMI 21,77.
60 : (1,66 x 1,66) = 21,77.

2) Bei einer Größe von 1,65 Meter
und einem Gewicht von 65 Kilogramm liegt der BMI bei 23,9.
65 : (1,65 x 1,65) = 23,9.

*Der BMI ist nur eine Orientierungshilfe für
das Körpergewicht. Finden Sie für sich selbst
heraus, mit welchem Gewicht Sie sich rundum wohl fühlen.*

und beurteilte man das Körpergewicht nach
dem so genannten Broca-Index, nach dem gilt:
Normalgewicht = Körpergröße in Zentimeter
minus 100. Für das Idealgewicht werden noch
einmal 10 Prozent abgezogen.

Als schnelle Orientierungshilfe ist dieser Broca-
Index in Ordnung, allerdings ist sein Rahmen für
eine Beurteilung viel zu eng gesteckt. Deshalb
ist heute der so genannte Body-Mass-Index
(BMI) das Maß aller Dinge beim Körpergewicht
von Erwachsenen. Er wird nach der nebenste-
henden Formel berechnet und sollte zwischen
19 und 25 liegen. Ist der Wert größer, liegt Übergewicht vor.

Fettarm genießen

Unsere Lebensmittel bestehen aus verschiedenen Nährstoffen, wobei dem Fett besondere
Aufmerksamkeit geschenkt werden muss. Zwar
braucht unser Körper Fett, zu viel davon jedoch
macht dick und krank. Außerdem stillt ein fett-
reiches Essen den Hunger nur schlecht.

Fett steckt in tierischen ebenso wie in pflanzlichen Lebensmitteln, mal sichtbar wie bei Butter oder Öl, dann wieder gut verborgen in
Fleisch, Eiern, Nüssen und Fertigprodukten. Beides, die sichtbaren ebenso wie die versteckten
Fette, muss beachtet werden.

Die Küchen Asiens sind dafür ideal. Fettarme
Zubereitungsmethoden wie das Rührbraten im
Wok oder das Dämpfen sind sehr beliebt und
lassen sich vielfältig einsetzen. Butter, Sahne und
der ebenfalls fettreiche Käse sind nur selten in
asiatischen Küchen anzutreffen. Fleisch und
Fisch sind eher Begleitung, als dass sie selbst im
Mittelpunkt stehen. Reichlich zugegriffen hingegen wird bei Gemüse, Reis und Nudeln – alles
fettarme Lebensmittel.

**Öl und Butter sind nicht tabu –
schließlich ist Fett Träger wichtiger
Fettsäuren und Vitamine. Aber: Fett
ist der Dickmacher Nummer eins.
Ein Gramm Fett liefert etwa neun
Kilokalorien und damit mehr als
doppelt so viel wie Eiweiß oder
Kohlenhydrate, die nur etwa vier
Kilokalorien beisteuern.**

In Indien spielt Gemüse die Hauptrolle; besonders Currys werden damit zubereitet.

In China kocht man anders als in Vietnam, ebenso wie der Sizilianer anders kocht als der Bayer. Asien kennt viele Küchen, und jede hat ihren eigenen Reiz. Jedes Land hat seine Eigenarten – geprägt durch Landschaft, Klima, Kultur und Geschichte.

ASIENKÜCHEN
VIELFALT MIT GESCHMACK

Vieles aber haben die Küchen Asiens gemeinsam: Essen und Trinken ist weit mehr als bloße Nahrungsaufnahme, es ist ein Ereignis. Frischeste Zutaten sind oberstes Gebot, alles wird mit höchster Achtung ausgewählt, zubereitet, serviert und verspeist. Das Ergebnis ist eine Küche, die leicht, vitaminreich und sehr fettarm ist.

Indien

Fleisch ist aus religiösen Gründen oft verboten, zudem sind viele Menschen arm. Gemüse und die eiweißreichen Hülsenfrüchte stehen im Mittelpunkt. Gewürze wie Chilis, Gelbwurz (Kurkuma), Knoblauch, Koriander, Kreuzkümmel, Ingwer und Kardamom werden reichlich verwendet – meist als dicke Curry- oder Masalapaste. Schärfe wird später oft durch Kokosmilch oder Joghurt gemildert. Für eine Asia-Diät sind alle fettarmen Zubereitungen geeignet.

China

Im riesigen Kaiserreich mit seinen extremen geografischen und klimatischen Unterschieden kocht man in jeder Region anders. Gern wird Süßes mit Saurem, Weiches mit Knackigem, Mildes mit Scharfem kombiniert. Ingwer, Knoblauch und Frühlingszwiebeln sorgen ebenso für

Würze wie Soja-, Austern- oder Hoisinsauce, Reiswein oder Sesamöl. Die Pekingküche des Nordens ist die Feinste. Reis gedeiht hier nicht, dafür anderes Getreide, etwa Weizen. Teigwaren sind beliebt, besonders Nudeln und Frühlingsrollen. Die Shanghaiküche des Ostens kennt Reis, Nudeln und viel Obst und Gemüse. Gewürzt wird mit Sojasauce, Süßes und Saures kombiniert. Die Szetschuanküche des Westens ist meist ausgeprägt scharf, salzig, süß oder sauer. Reis kommt oft auf den Tisch. Die Kantonküche des Südens ist besonders vielseitig. Hier hat das Rührbraten im Wok seinen Ursprung.

Indonesien

Im Inselstaat sind Einflüsse aus China, Holland und England zu spüren. Es gedeihen viele Gewürze – entsprechend vielfältig sind die Aromen der Speisen. Typisch sind Würzpasten auf Basis von Paprika- oder Chilischoten, die Sambals. Scharfes wird durch Palmzucker, Kokosmilch, Tamarinde oder Zitronengras gemildert.

Japan

Im Land der aufgehenden Sonne ist absolute Frische der Zutaten oberstes Gebot. Würzzutaten werden eher sparsam eingesetzt, die Eigenaromen sollen im Vordergrund stehen. Typisches Beispiel dafür sind Sushi, bei denen das Verlangen nach Frische so weit geht, dass fangfrischer Fisch roh serviert wird. Überhaupt ist Fisch beliebter als Fleisch. Als Eiweißlieferant dienen zudem Sojabohnen, die als Gemüse zubereitet und zu Sojasauce, Würzpasten wie Miso, Sojamilch und Tofu verarbeitet werden.

Korea

Koreas Küche, stark von der chinesischen beeinflusst, bietet eine ausgewogene Mischung an pflanzlichen und tierischen Speisen. Stets gehört Reis dazu, auch sauer eingelegtes Gemüse fehlt selten. Gewürzt wird gern mit Knoblauch, Sesam, Chili, Ingwer und einer aromatischen scharfen Paprikapaste.

Malaysia

Die Küche verrät Einflüsse Chinas, Indiens, Malaysias, Indonesiens und Thailands. Gewürze werden üppig verwendet, Schärfe durch Kokosmilch, Zitronengras oder Tamarinde gemildert. Geflügel und Fisch kommen häufig, Fleisch

etwas seltener auf den Tisch. Reis ist ebenso beliebt wie Nudeln, gebratene Reisbandnudeln haben hier ihren Ursprung.

Thailand

Scharfe und dennoch leichte Speisen sind beliebt. Im Süden kocht man scharfe Currys, im Norden würzt man milder. Typisch ist Säuerliches wie Zitronengras, Zitronenblätter, Tamarinde und Limetten. All dies mildert, ebenso wie Kokosmilch und ungesalzener Reis, die Schärfe der Speisen.

Vietnam

Lang von China kolonialisiert, ist dessen Einfluss in der Küche unverkennbar. Allerdings wird selten sehr scharf oder sehr stark gewürzt, der Eigengeschmack des Gerichts steht im Vordergrund. Alles ist sehr bekömmlich, fein und leicht. Fett wird sparsam verwendet. Wichtig sind erstklassige Zutaten, Fischsauce (Nuocmamsauce) und frische Kräuter. Es gibt viel Getreide (Reis und Nudeln), Gemüse, Pilze, Fisch und Geflügel, nur wenig Fleisch.

In Asien wird das Grundnahrungsmittel Reis häufig noch von Hand angepflanzt und geerntet.

stillen den Hunger nach Süßem auf leichte, gesunde Art. Gemüse aller Art ist – anders als meist bei uns – nicht nur Begleitung, sondern steht oft im Mittelpunkt. Das ist einer der Gründe, warum die asiatischen Küchen so gesund sind. Obst und Gemüse sind Fitnessquellen ersten Rangs. Sie liefern reichlich Vitamine, Mineralstoffe und Ballaststoffe, aber nur wenig Kalorien. Sie regen Appetit und Verdauung an und sind zudem teilweise exzellente Fettkiller.

SCHLANKMACHER
DER ASIENKÜCHEN

In den asiatischen Ländern kennt man etliche Zutaten, die noch nicht den Weg zu uns gefunden haben. Sie werden in diesem Buch nicht verwendet – mögen sie noch so typisch sein.

Obst & Gemüse

Die vielen bunten Obst- und Gemüsesorten gehören zu den wichtigsten Lebensmitteln in Asien. Frische Früchte löschen den Durst und

Auf koreanischen Märkten werden vor allem Gemüsefans fündig.

Einige der enthaltenen bioaktiven Substanzen hemmen die Fettaufnahme im Körper oder kurbeln die Verdauung ganz besonders an.

Hülsenfrüchte: preiswerte Eiweißquelle

Fisch oder Fleisch sind für viele Asiaten unerschwinglich oder aus religiösen Gründen tabu. Auch Milch und Milchprodukte spielen kaum eine Rolle. Umso wichtiger sind Hülsenfrüchte für ihren Speiseplan. Linsen und Bohnen in den verschiedensten Größen, Formen und Farben werden auf immer wieder andere Art zubereitet. Sie liefern nicht nur die für die Verdauung so wichtigen Ballaststoffe. Sie enthalten reichlich pflanzliches Eiweiß und leisten damit den größten Beitrag bei der Versorgung vieler Einwohner Asiens mit diesem wichtigen Nährstoff.

Ingwer, Chilis & Co.: Fettkiller vom Dienst

Mit Kräutern und Gewürzen wird in Asiens Küchen geradezu verschwenderisch umgegangen – ein großer Vorteil beim Thema »Diät«. Selbst in winzigen Mengen leisten Gewürze Riesiges. Sie enthalten eine Vielzahl wertvoller Stof-

TIPP

Wichtig: Obst und Gemüse stets frisch kaufen, nur kurz lagern und schonend vorbereiten, roh genießen oder nur kurz garen.

fe, die unseren Stoffwechsel positiv beeinflussen. Ganz besonders wichtig: Appetit und Verdauung werden gefördert, Fette besser abgebaut oder gar nicht erst gebildet.

Reis & Nudeln

Stöbern Sie einmal in einem größeren Asienshop: Die Vielfalt an Reis- und Nudelpackungen wird Sie verblüffen. Kaufen und probieren Sie verschiedene Sorten, gehen Sie auf eine kulinarische Entdeckungsreise.

Die Breite des Angebots zeigt die Bedeutung dieser Lebensmittel. Reis ist das Grundnahrungsmittel für viele Asiaten – manch einer isst ihn morgens, mittags und abends. Die verschiedenen Sorten unterscheiden sich in der Länge der Körnchen, der Kocheigenschaft und im Geschmack.

Auch Nudeln kommen in Asien oft auf den Tisch. Neben Weizennudeln mit oder ohne Eianteil gibt es beispielsweise Nudeln aus Reis, Mungobohnen oder Buchweizen.

Tofu, Sojasauce & Co.

Sojabohnen, eine spezielle Hülsenfruchtart, gehören in Asien zu den wichtigsten Lebensmitteln. Sie werden als Gemüse gegessen, aber auch zu vielerlei gesunden Köstlichkeiten wie Tofu oder Sojasauce verarbeitet.

Tofu versorgt uns mit hochwertigem pflanzlichem Eiweiß und gesunden Mineralstoffen, enthält jedoch kaum Kohlenhydrate und Fett und kein Cholesterin.

Sojasauce, die Sauce Asiens, würzt dank der enthaltenen Eiweißstoffe und Enzyme auf gesunde Art. Japanische Sojasauce – in ihrer Heimat das wichtigste Gewürz – wird aus Weizen und Sojabohnen gebraut, ist relativ hell und dünnflüssig, sehr fein aromatisch. Chinesische Sojasauce, nur aus Sojabohnen gebraut, gibt es hell und dunkel, mehr oder weniger salzig. Süßer Sojasauce wird Melasse zugesetzt. Beliebte indonesische Sojasaucen sind das herb-süßliche Ketjap Asin und das mild-süße Ketjap Manis.

Chinesische Eiernudeln sind eine gute Begleitung zu Gemüse aus dem Wok, eignen sich aber auch als sättigende Einlage in einer leichten Suppe.

Crashdiäten und strenger Verzicht helfen wenig. Eine damit erreichte schlanke Taille ist nicht von Dauer.

DAUERHAFT
SCHLANK
UND FIT

Einzig eine Umstellung der Ernährungs- und Lebensgewohnheiten, in Verbindung mit regelmäßiger Bewegung, verspricht dauerhaften Erfolg und ist Garant für Lebensfreude und Fitness. Dazu gehören vor allem:

● Es gibt keine schlechten oder gar verbotenen Lebensmittel. Es kommt auf Menge, Auswahl und Kombination an.

● Genießen Sie vielseitig, aber nicht zu viel. Starten Sie mit einem ausgewogenen Frühstück in den Tag. Die Energiespeicher sind nach der Nacht geleert und müssen wieder aufgefüllt werden. Ob Vollkornbrot mit wenig magerem Belag oder Müsli mit Früchten und Joghurt – Ihr Geschmack entscheidet. Üppiges Spiegelei oder dickes Käsebrot sollten die Ausnahme bleiben – sie machen fett, aber nicht fit für den Tag.

● Über den Tag verteilt sollten Sie mindestens zwei Liter kalorienarme Flüssigkeit aufnehmen. Am besten ist Mineralwasser oder damit gespritzte Schorle, also mit Wasser verdünnter Obstsaft. Doch auch ungesüßte Kräutertees sind eine gute Möglichkeit, den Flüssigkeitsbedarf auf gesunde Art zu decken.

● Fünf kleine Mahlzeiten am Tag sind besser als drei große. Der Blutzuckerspiegel bleibt konstant, Sie werden nicht müde und sind nicht so sehr der Gefahr von Heißhunger ausgesetzt. Planen Sie kleine Zwischenmahlzeiten fest ein, etwa einen Apfel oder eine Banane, einen Becher Joghurt, einige Vollkornkekse oder auch mal eine schnelle, heiße Suppe.

● Würzen Sie, wie in der Asienküche üblich, reichlich mit frischen Kräutern, und greifen Sie zu verschiedenen Gewürzen. Der Salzstreuer wandert so rasch nach hinten ins Regal, Sie ernähren sich gesünder. Beachten Sie allerdings, dass Sojasauce meist recht salzhaltig ist – gehen Sie bei Problemen mit Bluthochdruck deshalb lieber sparsam mit ihr um.

● Obst und Gemüse sollten reichlich und mehrmals täglich auf den Tisch kommen. Genießen Sie Gemüse auch mal roh, oder garen Sie es kurz und schonend. Rührbraten im Wok und Dämpfen sind geradezu ideal – denn wertvolle Inhaltsstoffe werden geschont.

● Behalten Sie Ihr Gewicht im Auge, steigen Sie aber nicht täglich auf die Waage. Die natürlichen Schwankungen sorgen nur für Stress.

● Kleine Ausrutscher im Speiseplan sind harmlos. Genießen Sie ein (!) Stück Schokolade.

● Kartoffeln, Reis, Nudeln und Getreide sollten als wertvolle Kohlenhydratlieferanten häufig auf Ihrem Teller liegen.

● Bei Milch und Milchprodukten, Fleisch und Fisch die fettarmen Varianten wählen. Eier nur ab und zu genießen.

● Auf Süßes müssen Sie nicht völlig verzichten, kleine Mengen sind durchaus erlaubt. Fett- und Zuckerarmes bevorzugen und häufig mit Früchten süßen.

● Sorgen Sie für ausreichend Bewegung, und bringen Sie Ihren Stoffwechsel auf Touren. Bewegung in den Tagesablauf einbauen, nicht für jede Besorgung ins Auto steigen. Steigen Sie Treppen, wo Sie können; den Fahrstuhl können Sie getrost vergessen.

Gemütlich eine Tasse Tee trinken und die Gedanken schweifen lassen – auch das gehört zur Asia-Diät.

Salate, & Snacks

Vorweg, dazu oder zwischen-durch

Die Suppe zusammen mit allen anderen Gerichten oder gar als letzten Gang zu servieren, ist in China durchaus üblich. Überhaupt spielen Suppen in Asiens Küchen eine wichtige Rolle. Sie machen satt, aber nicht dick. Reichlich Gemüse tummelt sich in klarer Brühe, üppige Cremesuppen kennt man nicht. Bei Salaten sieht es ähnlich aus. Viel Gemüse, leichtes Dressing – garantiert kalorienarm.

Suppen

MALAYISCHER GEMÜSE SALAT

**Pro Port.: 510 kJ/122 kcal • Chol.: 0 mg
F: 1 g • E: 5 g • KH: 20 g • Ballastst.: 10 g**

reicht für 2   dauert 30 Minuten

**1 Möhre • 200 g Rettich • 50 g Zucker-
schoten • 1 kleine rote Paprikaschote •
1 Zwiebel • 2 Scheiben frische Ananas •
20 g Ingwer • 1 kleine rote Chilischote
• 1 TL brauner Zucker • 5 EL Reisessig •
1 TL Limettensaft • 8 Zweige Koriandergrün**

TIPP

Mariniertes Gemüse ist in Malaysia
sehr beliebt. Frisch zubereitet, wird
es als leichter Salat serviert. Es gibt
auch mariniertes, milchsauer vergore-
nes Gemüse, das unserem Sauerkraut
ähnelt und häufig als Beilage gereicht
wird. Es enthält wenig Kalorien, aber
viele gesunde Inhaltsstoffe, wie etwa
die beim Säuern gebildete Milchsäu-
re. Sie regt die Verdauung an und
unterstützt das Immunsystem.

1 Die Möhre und den Rettich schälen und putzen. Die Zuckerschoten waschen und putzen.
Die Paprikaschote waschen, Stielansatz, Kerne
und Trennwände entfernen. Das Gemüse in
feine lange Streifen schneiden.

2 Die Zwiebel abziehen, halbieren, in dünne
Scheiben schneiden und diese in Ringe teilen.
Von den Ananasscheiben die Schale und den
harten Mittelstrunk entfernen und das Fruchtfleisch klein schneiden.

3 Für das Dressing den Ingwer schälen und fein
hacken. Die Chilischote waschen, längs aufschneiden, die Kerne entfernen und das Fruchtfleisch in feine Streifen oder Würfel schneiden.
Beides mit Zucker, Reisessig und Limettensaft
verrühren. Koriandergrün waschen, trockenschütteln, hacken und dazugeben.

4 Gemüsestreifen und Zwiebelringe mit dem
Dressing vermengen. Vor dem Servieren kurz
durchziehen lassen.

THAILÄNDISCHER GURKEN-MANGO SALAT

Pro Port.: 898 kJ/214 kcal • Chol.: 0 mg
F: 7 g • E: 7 g • KH: 29 g • Ballastst.: 8 g

reicht für 2   dauert 15 Minuten

200 g Salatgurke • 1 kleine unreife Mango • **1 kleine gelbe Paprikaschote**
für das Dressing
1 kleine rote Chilischote • einige Zweige Koriandergrün • **2 EL Limettensaft** • 2 EL helle Sojasauce • **1/2 TL Zucker**
außerdem
2 EL geröstete Erdnusskerne

1 Die Salatgurke waschen, schälen, längs halbieren, entkernen und in dünne Scheiben schneiden. Die Mango schälen und das Fruchtfleisch in Spalten vom Stein schneiden.

2 Die Paprikaschote waschen, halbieren, Stielansatz, Kerne und Trennwände entfernen und das Fruchtfleisch in feinste Streifen schneiden.

3 Für das Dressing die Chilischote waschen, längs aufschneiden, die Kerne entfernen und das Fruchtfleisch in ganz feine Streifen schneiden. Das Koriandergrün waschen, trockenschütteln und hacken. Beides mit Limettensaft, Sojasauce und Zucker verrühren.

4 Gurken-, Mango- und Paprikastücke miteinander vermischen. Das Dressing über die Salatzutaten geben, alles gut untermischen. Sofort mit den Erdnüssen bestreuen und servieren.

Unreife Mangos werden in Asien als Gemüse gegessen und zu herzhaften Speisen verarbeitet. Sie bei uns zu bekommen, dürfte kein Problem sein – ohnehin liegen die meisten Mangos hart und unreif im Regal des Supermarkts.

Tipp
Erdnusskerne sorgen bei vielen asiatischen Speisen für Biss und Geschmack. Sie gehören, botanisch betrachtet, zu den Hülsenfrüchten und sind sehr reich an pflanzlichem Eiweiß. Leider steckt auch eine gehörige Portion Kalorien in den Kernen – im Rahmen einer Diät also eher sparsam und nur zum Würzen einsetzen.

Der bunte, knackige Gemüsesalat macht sich gut auf jedem asiatischen Büfett.

INDISCHER BLUMEN KOHLSALAT

Pro Port.: 824 kJ/197 kcal • Chol.: 4 mg
F: 10 g • E: 12 g • KH: 13 g • Ballastst.: 10 g

reicht für 2   dauert 40 Minuten

**1 kleiner Blumenkohl (etwa 500 g) •
1 Zwiebel • 1 EL Sesamsamen • 1 TL
Sojaöl • Salz • 1/4 TL Garam Masala •
100 g Tiefkühl-Blattspinat • 1 kleine
Knoblauchzehe • 150 g fettarmer Joghurt • 1/2 TL mittelscharfer Senf •
1/2 TL gemahlener Kreuzkümmel**
außerdem
**1 EL Limettensaft • 1 Hand voll Korian-
dergrün**

1 Den Blumenkohl waschen, putzen und in kleine Röschen zerteilen. Die Zwiebel abziehen und
in kleine Würfel schneiden.

2 Eine beschichtete Pfanne schwach erhitzen,
die Sesamsamen darin goldbraun rösten, herausnehmen und beiseite stellen.

3 Das Sojaöl in der Pfanne schwach erhitzen
und die Zwiebel darin glasig werden lassen. Den
Blumenkohl unterheben, mit Salz und Garam
Masala würzen. 3 Esslöffel Wasser dazugeben
und den Blumenkohl zugedeckt knapp 10 Minuten dünsten. Abtropfen und abkühlen lassen.

4 Für die Marinade den Spinat in der Mikrowel-
le auftauen lassen, ausdrücken und hacken. Den
Knoblauch abziehen und zerdrücken. Beides mit
Joghurt und Senf verrühren, mit Kreuzkümmel
und Salz würzen.

5 Den Blumenkohl anrichten, mit Limettensaft
und der Joghurtmarinade beträufeln. Das Koriandergrün waschen, trockenschütteln, hacken
und zusammen mit den Sesamsamen über den
Salat streuen.

JAPANISCHER SPINAT SALAT

Pro Port.: 400 kJ/95 kcal • Chol.: 0,1 mg
F: 5 g • E: 5 g • KH: 5 g • Ballastst.: 4 g

reicht für 2   dauert 20 Minuten

**200 g zarter Blattspinat • 100 g Bam-
bussprossen (aus der Dose) • 2 zarte
Frühlingszwiebeln • 3 EL helle Sojasauce • 1 EL Reisessig • 1 Prise Zucker •
weißer Pfeffer • 1 EL Sojaöl • 1 EL
Zitronensaft**

1 Den Blattspinat verlesen und waschen, die
groben Stiele entfernen. In einer Schüssel mit
kochendem Wasser übergießen, sofort in ein
Sieb abgießen, kalt abbrausen, abtropfen lassen
und nach Belieben etwas kleiner schneiden.

2 Die Bambussprossen abtropfen lassen, nach
Bedarf in dünne Scheiben oder schmale Streifen
schneiden und in einer trockenen Pfanne ohne
Zugabe von Fett kurz anbraten.

3 Für das Dressing die Frühlingszwiebeln waschen, putzen und in ganz feine Ringe schneiden. Mit Sojasauce, Reisessig, Zucker, Pfeffer
und Sojaöl verrühren.

4 Den Spinat und die Bambussprossen in dem
Dressing wenden. Den Salat abschmecken, mit
Zitronensaft beträufeln und sofort servieren.

*Genießen Sie Grapefruit einmal anders: in
einem raffinierten Salatemix.*

PIKANTER FRUCHT SALAT

Pro Port.: 610 kJ/146 kcal • Chol.: 3 mg
F: 1 g • E: 5 g • KH: 24 g • Ballastst.: 5 g

reicht für 2   dauert 20 Minuten

100 g Salatgurke • 75 g Sojabohnenkeime • 1 kleine Papaya • 1 kleine Grapefruit • 3 EL Tamarindensauce • 1/4 TL Garnelenpaste • 1 EL süße Sojasauce • 1/2 TL Sambal Manis

1 Die Salatgurke schälen, längs halbieren, entkernen und das Fruchtfleisch quer in dünne Scheiben schneiden. Die Sojabohnenkeime in einem Sieb abbrausen und abtropfen lassen. Beides miteinander vermischen.

2 Die Papaya halbieren, die schwarzen Kerne entfernen, das Fruchtfleisch aus der Schale lösen und in Streifen oder Würfel schneiden. Die

Grapefruit halbieren und die Fruchtfilets zwischen den Trennhäutchen herausschneiden. Den restlichen Saft aus den ausgenommenen Hälften ausdrücken. Das Obst und den Grapefruitsaft zum Gemüse geben.

3 Die Tamarindensauce mit Garnelenpaste, Sojasauce und Sambal Manis verrühren. Die Mischung über die Gemüse-Früchte-Mischung träufeln und alles miteinander vermengen.

TIPP

▶ Wenn Sie keine Garnelenpaste bekommen, können Sie 1 Esslöffel Austern- oder Fischsauce als Ersatz verwenden.

▶ Auch andere Fruchtarten wie Ananas, Mango, Orange oder Apfel eignen sich für diesen pikanten Salat, der als Vorspeise oder als Beilage zu scharfen Currygerichten gut schmeckt.

CHINESISCHER HÄHNCHEN SALAT

**Pro Port.: 1601 kJ/383 kcal • Chol.: 41 mg
F: 16 g • E: 25 g • KH: 30 g • Ballastst.: 7 g**

reicht für 2   dauert 35 Minuten

40 g Glasnudeln • **125 g Hähnchenbrustfilet** • **4 Frühlingszwiebeln** • **20 g Ingwer**
• **1 EL Reiswein** • **80 g Sojabohnenkeime** • **100 g Chinakohl** • **1 mittelgroße
Möhre** • **2 EL Sesamsamen** • **2 EL Cashewkerne**
für das Dressing
2 EL chinesische Pflaumensauce • **2 EL
Reisessig** • **1 TL Sojaöl** • **1 TL Sesamöl** •
1 EL Sojasauce • **1 TL brauner Zucker**
außerdem
**4 Zweige Koriandergrün oder 1/4 Bund
Schnittlauch**

1 Die Glasnudeln mindestens 20 Minuten lang
in heißem Wasser einweichen.

2 Das Fleisch kalt abwaschen. 2 Frühlingszwiebeln waschen und grob zerteilen. Den Ingwer
halbieren. Alles zusammen mit 1/2 Liter Wasser
und dem Reiswein aufkochen und das Häh-
chenfleisch darin 10 Minuten bei schwacher
Hitze leise kochen lassen. Abkühlen lassen.

3 Die übrigen Frühlingszwiebeln waschen, putzen, in 5 Zentimeter lange Stücke und diese
längs in schmale Streifen schneiden. Die Sojabohnenkeime kalt abbrausen und abtropfen lassen. Den Chinakohl waschen, putzen und in
feine Streifen schneiden. Die Möhre waschen,
schälen, in 5 Zentimeter lange Stücke und diese
längs in ganz feine Streifen schneiden.

4 Die Sesamsamen in einer trockenen Pfanne
goldbraun rösten und herausnehmen. Die Cashewkerne in die Pfanne geben und ebenfalls
trocken rösten, bis sie goldbraun sind. Beides

mit dem Gemüse mischen. Das Hähnchenfleisch
in feine Streifen schneiden und dazugeben. Die
Glasnudeln abtropfen lassen, eventuell mit einer
Schere klein schneiden und untermischen.

5 Für das Dressing die Pflaumensauce mit Reisessig, Sojaöl, Sesamöl, Sojasauce und Zucker
verrühren. Mit den Salatzutaten vermengen.

Mit edlen Essstäbchen serviert, schmeckt der chinesische Hähnchensalat noch mal so gut – und man isst automatisch langsamer …

6 Das Koriandergrün oder den Schnittlauch waschen, trockenschütteln, grob hacken bzw. in Röllchen schneiden und über den Salat streuen.

TIPP

Sesamöl nur tropfenweise dosieren, denn sein intensiver Nussgeschmack aromatisiert fertige Speisen schon in kleinsten Mengen. Das Öl wird aus gerösteten Sesamsamen gepresst und enthält, wie andere Öle auch, pro Esslöffel fast 90 Kilokalorien.

VIETNAMESISCHE EIERFLOCKEN SUPPE

Pro Port.: 751 kJ/179 kcal • Chol.: 218 mg
F: 12 g • E: 10 g • KH: 7 g • Ballastst.: 2 g

reicht für 2   dauert 20 Minuten

2 zarte Frühlingszwiebeln • 15 g Galgant oder Ingwer • **3 Tomaten** • 2 TL Sojaöl • **1 Prise brauner Zucker** • 400 ml Hühnerbrühe • **2 Eier (Größe S)** • 1–2 EL Fischsauce • **Salz**
außerdem
2 Zweige Koriandergrün • 4 Zitronenblätter

1 Die Frühlingszwiebeln waschen, putzen und in dünne Ringe schneiden. Den Galgant oder den Ingwer schälen und sehr fein hacken. Die Tomaten überbrühen, häuten, entkernen, die Stielansätze entfernen und das Fruchtfleisch in Spalten schneiden.

2 Das Öl in einem Wok schwach erhitzen, die Frühlingszwiebeln und den Galgant oder den Ingwer darin kurz anbraten. Den Zucker einrühren. Die Brühe angießen und aufkochen lassen.

3 Die Tomatenspalten in die Suppe geben und kurz erwärmen.

4 Die Eier in einem Schälchen verquirlen und unter ständigem Rühren in die kochende Suppe träufeln lassen. Die Suppe mit Fischsauce und Salz nur nach Bedarf würzen.

5 Das Koriandergrün und die Zitronenblätter waschen, trockenschütteln, fein hacken und zum Servieren auf die Suppe streuen.

Die leichte Eierflockensuppe ist ideal, wenn's mal schneller gehen muss.

TIPP

In Vietnam ist »Nouc mam« die beliebteste Würzsauce. Sie wird aus gesalzenen Fischen hergestellt. Als Ersatz können Sie eine andere Fischsauce, helle Austernsauce oder notfalls helle Sojasauce verwenden.

REISNUDEL SUPPE MIT HUHN

Pro Port.: 662 kJ/158 kcal • Chol.: 33 mg
F: 1 g • E: 20 g • KH: 17 g • Ballastst.: 5 g

reicht für 2   dauert 30 Minuten

4 getrocknete Tongupilze • 25 g schmale Reisbandnudeln • 100 g Hähnchenbrustfilet • 3–4 EL helle Sojasauce • frisch gemahlener weißer Pfeffer • etwas Szetschuan-Pfeffer • 1 kleine Möhre • 500 ml Hühnerbrühe • 50 g tiefgekühlte Erbsen

1 Die Pilze waschen und 15 bis 20 Minuten in warmem Wasser einweichen. Die Reisbandnudeln in kurze Stücke brechen und ebenfalls in etwas warmem Wasser einweichen.

2 Das Hähnchenbrustfilet kalt abwaschen, trockentupfen und in feine Streifen schneiden. Mit 3 Esslöffel Sojasauce beträufeln, mit weißem Pfeffer und Szetschuan-Pfeffer bestreuen. Zugedeckt etwa 15 Minuten marinieren.

3 Die Möhre waschen, schälen und in sehr feine Streifen schneiden. Die Hühnerbrühe in einem Wok aufkochen und die Möhrenstreifen und die Erbsen darin bei schwacher Hitze etwa 5 Minuten garen.

4 Inzwischen die Pilze abtropfen lassen, die Stiele entfernen und die Hüte in schmale Streifen schneiden. Die Reisnudeln abtropfen lassen.

5 Pilze, Reisnudeln und das marinierte Fleisch in die Brühe geben. Alles noch 3 Minuten bei mittlerer Hitze leise kochen lassen. Mit Pfeffer und Sojasauce abschmecken.

TIPP

Zur Resteverwertung können Sie die Suppe statt mit Reisnudeln auch mit Glasnudeln oder chinesischen Eiernudeln zubereiten. Sogar gekochter Reis vom Vortag eignet sich bestens dafür.

CURRYSUPPE MIT JOGHURT

Pro Port.: 596 kJ/142 kcal • Chol.: 6 mg
F: 7 g • E: 6 g • KH: 15 g • Ballastst.: 3 g

reicht für 2   dauert 25 Minuten

**1 Knoblauchzehe • 1 kleine rote Chili-
schote • 3 zarte Frühlingszwiebeln •
6 Shiitakepilze • 1 TL Sojaöl • 1–2 TL
gelbe Currypaste • 1/2 l Hühnerbrühe •
5 EL Naturjoghurt • 1 TL Mehl • 2 EL
helle Sojasauce**
außerdem
frisches Koriandergrün

1 Den Knoblauch abziehen und fein hacken. Die
Chilischote waschen, längs aufschneiden, die
Kerne entfernen und das Fruchtfleisch klein
würfeln. Die Frühlingszwiebeln waschen und
putzen, die weißen Teile fein würfeln, das Grün
in lange schmale Streifen schneiden. Die Pilze
waschen oder mit einem feuchten Tuch abreiben, putzen und ohne die Stiele in Streifen
schneiden.

2 Das Öl im Wok erhitzen und den Knoblauch,
die Chilistückchen und die weißen Zwiebelteile
darin kurz anbraten. Die Pilze kurz mitbraten.
Die Currypaste einrühren. Alles mit der Brühe
ablöschen und etwa 5 Minuten bei schwacher
Hitze leise kochen lassen.

3 Die grünen Zwiebelstreifen zufügen. Den Joghurt mit Mehl und Sojasauce verrühren, unter
die Suppe mischen und leicht erwärmen.

4 Das Koriandergrün waschen, trockenschütteln, grob hacken und auf die Suppe streuen.

**Ghee bekommen Sie bei uns in sehr gut sortier-
ten Asialäden. Als Ersatz können Sie Butterschmalz verwenden. Oder Sie zerlassen Butter
und lassen diese stehen, bis sich die weiße
Molke unten abgesetzt hat. Nur das klare But-
terfett wird verwendet. Es lässt sich stark erhitzen, da die Eiweißstoffe entfernt wurden.**

LINSENSUPPE MIT MANGO

Pro Port.: 1139 kJ/271 kcal • Chol.: 9 mg
F: 4 g • E: 14 g • KH: 43 g • Ballastst.: 4 g

reicht für 2   dauert 25 Minuten

**1 Zwiebel • 1 TL Ghee oder Butter-
schmalz • 1 Knoblauchzehe • 2 TL
Garam Masala • 400 ml Hühnerbrühe •
100 g weiße geschälte Linsen (Urid
Dal) • 2 kleine Tomaten • Salz • 1 EL
Tamarindensauce oder Instant-Tamarin-
denpulver • 2 TL Mangopulver • 1/2 unreife Mango**
außerdem
frische Minzeblättchen

1 Die Zwiebel abziehen und würfeln. Ghee oder
Butterschmalz in einem Topf erhitzen und die
Zwiebelwürfel darin bei mittlerer Hitze glasig
werden lassen. Den Knoblauch abziehen und
dazupressen. Garam Masala einstreuen und
anschwitzen. Die Brühe zugießen.

2 Die Linsen in einem Sieb abbrausen, verlesen
und in den Topf geben. Die Suppe aufkochen
und die Linsen zugedeckt bei schwacher Hitze
etwa 15 Minuten leise kochen lassen.

3 Die Tomaten überbrühen, häuten, entkernen,
von Stielansätzen befreien, grob würfeln und
unter die Suppe rühren. Mit Salz, Tamarindensauce oder -pulver sowie Mangopulver würzen.

4 Die Mango schälen, das Fruchtfleisch vom
Stein lösen, in schmale Streifen schneiden und in
der Suppe erhitzen. Die Suppe abschmecken.
Minzeblättchen waschen und aufstreuen.

*Durch die Mangostückchen
schmeckt die Linsensuppe
wunderbar fruchtig.*

JAPANISCHE NUDELSUPPE MIT TOFU

**Pro Port.: 831 kJ/198 kcal • Chol.: 28 mg
F: 5 g • E: 15 g • KH: 22 g • Ballastst.: 4 g**

reicht für 2   dauert 30 Minuten

**Salz • 40 g Sobanudeln (Buchweizen-
nudeln) • 100 g Tofu • 3 EL Sojasauce •
2 EL Reiswein • 4 zarte Frühlingszwiebeln • 1 zarte Möhre • 1/2 l leichte Hühnerbrühe • 40 g geschälte Garnelen •
1 Prise Zucker • Pfeffer**

1 Etwa 1 Liter leicht gesalzenes Wasser zum
Kochen bringen, die Nudeln einlegen und in
etwa 8 Minuten bissfest garen. Die Nudeln in
ein Sieb abgießen und unter fließendem kaltem
Wasser abkühlen.

2 Den Tofu in kleine Würfel schneiden, in ein
Schälchen geben und mit Sojasauce und Reiswein beträufeln. Frühlingszwiebeln waschen,
putzen und schräg in feine Ringe schneiden. Die
Möhre waschen, schälen, längs viermal einkerben und in dünne Scheiben schneiden; durch
das vorherige Einkerben sehen die Scheiben
dann wie Blüten aus.

3 Die Hühnerbrühe in einem Topf aufkochen.
Frühlingszwiebeln, Möhren, Garnelen und Tofu
dazugeben und alles bei mittlerer Hitze 3 bis
4 Minuten kochen lassen. Die Nudeln untermischen und noch kurz miterhitzen. Die Suppe mit
Zucker und Pfeffer würzen. Heiß servieren.

*Ganz stilecht isst man die Einlage der
japanischen Suppe mit Stäbchen und trinkt
dann die Brühe aus dem Schälchen.*

TIPP

In Asien sind Suppen nicht immer als
Vorspeise gedacht, oftmals kommen
sie sogar als Abschluss eines Menüs
auf den Tisch. Üppige Nudelsuppen
können aber auch als eigenständiges,
schnelles Mittagessen dienen.

BALINESISCHE SPINAT SUPPE

Pro Port.: 567 kJ/135 kcal • Chol.: 0 mg
F: 8 g • E: 4 g • KH: 8 g • Ballastst.: 6 g

reicht für 2   dauert 25 Minuten

1 Knoblauchzehe • 20 g Ingwer • 200 g Blattspinat • 4 zarte Frühlingszwiebeln • 2 zarte Möhren • 2 TL Kokosnussöl • 400 ml Gemüsebrühe • 3 EL Kokosnuss-pulver (etwa 12 g; siehe Tipp) • 1/2–1 TL Sambal Oelek • Salz • schwarzer Pfeffer

1 Die Knoblauchzehe abziehen, den Ingwer schälen und beides sehr fein hacken. Den Spinat waschen, verlesen und grob hacken. Die Früh-lingszwiebeln waschen, putzen und in ganz feine Ringe schneiden. Die Möhren waschen, schälen und in sehr feine Würfel schneiden.

2 Das Öl in einem Wok erhitzen, Ingwer, Knob-lauch, Frühlingszwiebeln und die Möhren darin unter ständigem Rühren kurz anbraten. Mit der Brühe ablöschen, das Kokosnusspulver einrüh-ren und alles unter Rühren aufkochen lassen.

Kokosnusspulver gibt es in Asien-läden in kleinen Beuteln verpackt zu kaufen. Es lässt sich einfach dosieren und kann so bei vielen asiatischen Gerichten für raffiniertes Aroma sor-gen. Gehen Sie aber nicht zu üppig mit Kokosnusspulver um, denn in 100 Gramm stecken 600 Kilokalorien und 43 Gramm Fett. Kleine Mengen können Sie jedoch getrost genießen.

TIPP

3 Die Suppe bei schwacher Hitze 5 Minuten leise kochen lassen. Den Spinat zur Suppe geben, alles mit Sambal Oelek, Salz und Pfeffer würzen und noch 2 bis 3 Minuten leise kochen lassen.

Schön arrangierte Blüten sind fester Bestandteil der indonesischen Kultur.

HÜHNER
SUPPE MIT
WAN-TANS

Pro Port.: 652 kJ/156 kcal • Chol.: 0 mg
F: 1 g • E: 8 g • KH: 27 g • Ballastst.: 5 g

reicht für 2   dauert 50 Minuten

**1 getrockneter Tongupilz • 6 tiefge-
kühlte Wan-Tan-Teigplatten • 15 g Ingwer • 1 zarte Frühlingszwiebel • 2 EL
Maiskörner (Dose) • frisch gemahlener
Pfeffer • 2 TL Sojasauce • 1/2 TL Mehl •
1/2 l Hühnerbrühe • 50 g chinesisches
Blattgemüse oder Brunnenkresse**

1 Den Pilz 15 Minuten in warmem Wasser einweichen. Die Teigplatten zugedeckt auftauen
lassen. Den Ingwer schälen und fein hacken. Die
Frühlingszwiebel waschen, putzen und in ganz
feine Ringe schneiden. Die Maiskörner abtropfen lassen.

2 Den Pilz abtropfen lassen und in feine Streifen
schneiden, dabei den harten Stiel entfernen. In
einer Schüssel mit dem Ingwer, der Hälfte der

Frühlingszwiebel und der Hälfte der Maiskörner
mischen. Mit Pfeffer und Sojasauce würzen.

3 Das Mehl mit wenig Wasser glatt rühren. Die
Teigplatten ausbreiten und die Ränder mit dem
angerührten Mehl bestreichen. Jeweils 1 ge-
häuften Teelöffel der Füllung darauf setzen, die
Ränder hochheben, leicht eindrehen und über
der Füllung fest zusammendrücken.

4 Die Brühe im Wok aufkochen. Die Wan-Tans,
die restliche Frühlingszwiebel, die Maiskörner
sowie das gewaschene Blattgemüse zufügen
und alles bei schwacher Hitze 5 Minuten garen.

TIPP

Die Teigplatten für die kleinen
Nudelteigtaschen können Sie tiefgekühlt im Asienshop kaufen.
Lassen Sie sie zugedeckt nur kurz
antauen, dann können Sie die
benötigten 6 Teigblätter vorsichtig
ablösen und den Rest zurück in den
Tiefkühler legen. Übrigens: Die
Füllungen für die in China pur als
Snack und Vorspeise oder als Sup-
peneinlage beliebten Taschen sind
immer wieder anders.

SCHARF-SAURE
GLASNUDEL
SUPPE

Pro Port.: 445 kJ/106 kcal • Chol.: 0 mg
F: 1 g • E: 8 g • KH: 15 g • Ballastst.: 6 g

reicht für 2   dauert 30 Minuten

25 g Glasnudeln • 3 getrocknete Tongupilze • 1 kleine grüne Chilischote • 20 g Ingwer • 40 g Zuckerschoten • 1 kleine rote Paprikaschote • 1/2 l Gemüsebrühe • 2 EL Fischsauce • 1 EL Reisessig • Szetschuan-Pfeffer

1 Die Glasnudeln und die Tongupilze getrennt voneinander in warmem Wasser einweichen.

2 Die Chilischote waschen, den Stielansatz abschneiden, die Kerne herauskratzen und das Fruchtfleisch in feine Ringe schneiden. Den Ingwer schälen und fein hacken. Die Zuckerschoten waschen, putzen und schräg halbieren oder dritteln. Die Paprikaschote waschen, halbieren, von Stielansatz, Kernen und Trennwänden befreien und das Fruchtfleisch in ganz feine Streifen schneiden.

3 Die Gemüsebrühe im Wok aufkochen und mit Chiliringen, Ingwer, Fischsauce, Reisessig und Szetschuan-Pfeffer würzen.

4 Die Tongupilze abtropfen lassen, von den Stielen befreien, in schmale Streifen schneiden und zusammen mit dem Gemüse in den Wok geben. Die Suppe bei mittlerer Hitze etwa 5 Minuten leise kochen lassen.

5 Die Glasnudeln abtropfen lassen, eventuell mit einer Schere klein schneiden und in die Suppe geben. Alles noch kurz aufkochen lassen.

Genießen Sie gemeinsam mit einer »Verbündeten« das leichte Lebensgefühl à la Asia.

Reichlich vitaminreiches Gemüse, in leichter Gemüsebrühe gegart – eine kalorienarme Vorspeise der feinen Art. Für Sättigung sorgen einige Glasnudeln, die Sie auch durch Reisnudeln ersetzen können.

TIPP

Paprika- und Chilischoten regen die Verdauung an und steigern die Abwehrkräfte. Ihr Inhaltsstoff Capsaicin zerstört zudem schädliche Bakterien. Rote Schoten signalisieren volle Vitaminpower – sie enthalten mehr Wertvolles als grüne Schoten.

GEWÜRZTER TOFU IM REISBLATT

Pro Port.: 1109 kJ/265 kcal • Chol.: 0 mg
F: 8 g • E: 11 g • KH: 35 g • Ballastst.: 2 g

reicht für 2   dauert 45 Minuten

1 kleine Knoblauchzehe • **1 EL helle Sojasauce** • **1 EL Zitronensaft** • **Zitronenpfeffer** • **100 g Tofu** • **2 zarte Frühlingszwiebeln** • **1 EL Mehl** • **10 runde Reispapierblätter (16 cm Durchmesser; ca. 65 g)** • **1/4–1/2 l Hühnerbrühe**
für den Dip
1 EL Sesamsamen • **2 EL helle Sojasauce** • **2 EL Reiswein** • **1 TL Sesamöl** • **1 Prise Szetschuan-Pfeffer**

1 Die Knoblauchzehe abziehen, zerdrücken und in einem Schälchen mit Sojasauce, Zitronensaft und wenig Zitronenpfeffer verrühren. Den Tofu in 10 Stücke schneiden und darin wenden.

2 Die Frühlingszwiebeln waschen, putzen und in sehr feine Ringe schneiden. Das Mehl mit 1 Esslöffel Wasser glatt rühren.

3 Kaltes Wasser in einen tiefen Teller geben. Nach und nach die Reispapierblätter einzeln darin wässern, bis sie weich sind, herausheben und auf ein Küchentuch legen. Je 1 Tofustück und einige Zwiebelringe auf ein Reispapier geben und einwickeln; dabei die Ränder des Blatts mit Mehlwasser bestreichen, damit sie zusammenkleben. Die Päckchen auf einen Dämpfeinsatz setzen.

Die hauchdünnen Reispapierblätter sind mit einer vietnamesischen Hähnchen-Gemüse-Mischung gefüllt.

Nach Belieben zusätzlich etwas fein gehacktes frisches Koriandergrün über die Päckchen oder den Dip streuen. Das sorgt für raffinierte Würze, liefert Vitamine und regt zusätzlich die Verdauung an.

TIPP

4 Die Brühe in einem Topf aufkochen. Den Dämpfeinsatz mit den Päckchen hineinstellen, den Topf zudecken und die Päckchen 20 Minuten dämpfen.

5 Für den Dip die Sesamsamen in einer trockenen Pfanne goldbraun rösten, herausnehmen und in einem Schälchen mit Sojasauce, Reiswein, Sesamöl und Szetschuan-Pfeffer verrühren. Zu den Reispäckchen servieren.

VIETNAMESISCHE FRÜHLINGS ROLLEN

Pro Port.: 1219 kJ/291 kcal • Chol.: 33 mg F: 2 g • E: 19 g • KH: 47 g • Ballastst.: 4 g

reicht für 2   dauert 40 Minuten

1 kleine Knoblauchzehe • 1 kleine rote Chilischote • 1 EL Fischsauce • 1 EL Zitronensaft • 100 g Hähnchenbrustfilet • 30 g Glasnudeln • 50 g Sojabohnenkeime • 1 Möhre • 2 Frühlingszwiebeln • 2 Zweige Minze • einige Tropfen Sojaöl im Sprühfläschchen • 8 runde Reispapierblätter (16 cm Durchmesser)
für den Dip
1 kleine Knoblauchzehe • 1 kleine rote Chilischote • 2 EL Fischsauce • 1 EL Zitronensaft • 1 TL Reisessig

1 Den Knoblauch abziehen und fein hacken. Die Chilischote waschen, längs halbieren, Stielansatz und Kerne entfernen und das Fruchtfleisch fein hacken. Beide Zutaten mit Fischsauce und Zitronensaft zu einer Marinade verrühren. Das Hähnchenbrustfilet kurz kalt abwaschen, abtrocknen, in sehr feine Streifen schneiden und in der Marinade wenden.

2 Die Glasnudeln mit heißem Wasser übergießen und 15 Minuten quellen lassen.

3 Die Sojabohnenkeime unter fließendem kaltem Wasser abbrausen und abtropfen lassen. Die Möhre waschen, schälen und grob raspeln. Die Frühlingszwiebeln waschen, putzen und schräg in feine Ringe schneiden. Die Minze waschen, trockenschütteln und hacken.

4 Etwas Sojaöl in eine kleine beschichtete Pfanne sprühen, erhitzen und das Hähnchenfleisch darin rundherum 2 Minuten braten. Aus der Pfanne nehmen und mit den vorbereiteten Zutaten mischen.

5 Nacheinander die Reispapierblätter einige Minuten in kaltem Wasser einweichen, herausnehmen und auf einem Brett auslegen. Je 2 Esslöffel der Füllung nebeneinander in die Mitte eines Teigblatts setzen, die untere Ecke weit über die Füllung legen, die Ränder nach innen einschlagen und den Rest aufrollen.

6 Für den Dip Knoblauch abziehen, Chili waschen, putzen und beides fein hacken. Mit Fischsauce, Zitronensaft und Reisessig verrühren. Die Röllchen roh genießen und dabei in den Dip tunken.

TIPPS

▶ Diese vietnamesischen Röllchen werden roh gegessen. Dafür stellt man alle vorbereiteten Zutaten separat auf den Tisch – jeder formt seine Röllchen selbst und beißt gleich genüsslich ab.

▶ Reispapierblätter nicht zu lange einweichen, sonst reißen sie. Eventuell beim ersten Versuch jeweils zwei Blätter übereinander legen, dann werden die Röllchen stabiler.

Garen in

Schonend und sanft zubereiten

Eigengeschmack und wertvolle Inhaltsstoffe bleiben bestens erhalten. Zusätzliches Fett ist unnötig, überflüssige Kalorien entfallen. Als Kochutensilien dienen spezielle Dämpfkörbchen aus dem Asienshop. Alternativ können Sie die Zutaten auf einen feuerfesten tiefen Teller geben, den Sie auf eine feuerfeste Schüssel im Topf oder Wok stellen. Wichtig: Einen fest schließenden Deckel auflegen, damit kein Dampf entweicht.

Dampf

GEDÄMPFTE CHINA KOHLPÄCKCHEN

**Pro Port.: 723 kJ/174 kcal • Chol.: 50 mg
F: 2 g • E: 24 g • KH: 13 g • Ballastst.: 9 g**

reicht für 2   dauert 40 Minuten

**1 kleiner Chinakohl, etwa 500 g • 2 klei-
ne Möhren • 2 Frühlingszwiebeln •
1 kleine Knoblauchzehe • 10 g Ingwer •
2 EL schwarze Bohnenpaste • 1 EL Reisessig • 1 EL helle Sojasauce • 150 g
Hähnchenbrustfilet • 400 ml Hühnerbrühe • 1 1/2 TL Speisestärke • 2–3 EL
Chilisauce**

1 Den Chinakohl waschen, putzen und den
Strunk großzügig abschneiden. 12 große Blätter
ablösen und beiseite legen, den restlichen Kohl
in 1 bis 2 Zentimeter breite Streifen schneiden.
Die Möhren waschen, schälen und in dünne
Scheiben schneiden. Die Frühlingszwiebeln
waschen, putzen und schräg in feine Ringe
schneiden.

In den zartgrünen Chinakohlblättern
stecken Senföle, welche die Verdauung anregen und die Abwehrkräfte
stärken. Der Kohl enthält nur etwa
15 Kilokalorien je 100 Gramm – ein
idealer Schlankmacher also, bei dem
Sie getrost zulangen dürfen. Wird er
zudem schonend gedämpft, bleiben
die gesunden Stoffe optimal erhalten.

TIPP

2 Den Knoblauch abziehen, den Ingwer schälen
und beides sehr fein hacken. In einem Schälchen
mit Bohnenpaste, Reisessig und Sojasauce verrühren. Das Fleisch kalt abwaschen und mit
Küchenpapier trockentupfen, in sehr kleine
Würfel schneiden und in der Sauce wenden.

3 Je 2 der abgelösten Chinakohlblätter überlap-
pend auf einer Arbeitsfläche ausbreiten. Etwa
1 Esslöffel der Hähnchenmischung in die Mitte
setzen, eine Blattseite auf die Füllung legen, die
Ränder nach innen einschlagen und den Rest zu
Päckchen aufwickeln. Insgesamt 6 Päckchen formen und diese mit den Nahtstellen nach unten
nebeneinander in ein Dämpfkörbchen legen.

4 Die Brühe im Wok aufkochen und Möhren
und Frühlingszwiebeln zufügen. Das Dämpfkörbchen hineinstellen, den Deckel auf den
Wok legen und die Päckchen etwa 10 Minuten
dämpfen.

5 Das Körbchen aus dem Wok nehmen und die
Päckchen warm halten. Den klein geschnittenen
Chinakohl zum Gemüse geben, alles offen noch
3 Minuten bei starker Hitze kochen lassen.

6 Die Speisestärke mit wenig Wasser glatt rühren, in den Wok gießen und alles kurz durchkochen. Gemüse mit Chilisauce würzen. Zusammen mit den Chinakohlpäckchen servieren.

*Knoblauch darf in der Asiaküche nicht feh-
len. Wie hier in Hongkong findet man ihn
auf asiatischen Märkten reichlich.*

GEWÜRZTER
TOFU
AUS DEM DAMPF

Pro Port.: 1181 kJ/281 kcal • Chol.: 0 mg
F: 16 g • E: 26 g • KH: 6 g • Ballastst.: 4 g

reicht für 2   dauert 30 Minuten

30 g Ingwer • **1 kleine Knoblauchzehe** •
1 Hand voll Koriandergrün • **3 EL helle**
Sojasauce • **1 TL Fünf-Gewürz-Pulver** •
2 TL Sesamöl • **1 EL Zitronensaft** • **400 g**
Tofu • **125 g chinesisches zartes Blatt-**
gemüse • **1/2 l Hühnerbrühe**

1 Den Ingwer schälen, den Knoblauch abziehen
und beides sehr fein hacken. Das Koriandergrün
waschen, trockenschütteln und hacken. Alles
mit der Sojasauce, Fünf-Gewürz-Pulver, Sesamöl
und Zitronensaft zu einer Marinade verrühren.

2 Den Tofu in mundgerechte Stücke schneiden,
in der Marinade wenden und 10 Minuten ziehen lassen.

3 Das Blattgemüse waschen, verlesen und in
einem Dämpfkörbchen ausbreiten. Den Tofu
darauf legen und die Marinade darüber träufeln.

4 Die Hühnerbrühe im Wok aufkochen. Das
Dämpfkörbchen hineinsetzen und den Deckel
fest schließend auf den Wok legen. Den Tofu
und das Blattgemüse etwa 10 Minuten dämpfen. Beides zusammen anrichten.

TIPPS

▶ Noch besser schmeckt der Tofu, wenn
er vor dem Dämpfen 2 oder 3 Stunden in
der Marinade ziehen kann.

▶ Wenn Ihr Asienladen kein frisches
Blattgemüse auf Lager hat, können Sie
Blattspinat, Paksoi oder Blätter von
Chinakohl zum Auslegen des Dämpf-
körbchens verwenden.

▶ Tofu wird aus Sojabohnen hergestellt
und auch Sojabohnenquark oder -käse
genannt. Er ist rein pflanzlich und mit
72 Kilokalorien pro 100 Gramm ein
schlankes Produkt. Zudem ist Tofu frei
von Cholesterin und Purinen, den zwei
zuweilen bedenklichen Stoffen, die nur
in tierischen Lebensmitteln vorkommen.

**Achten Sie darauf, dass der Deckel auf dem Wok gut schließt, damit der
entstandene Dampf nicht entweicht und die Zutaten darin garen können.**

MARINIERTES HÄHNCHEN

**Pro Port.: 1301 kJ/312 kcal • Chol.: 66 mg
F: 11 g • E: 35 g • KH: 18 g • Ballastst.: 13 g**

reicht für 2   dauert 45 Minuten

**200 g Hähnchenbrustfilet • 2 EL Reis-
essig • 1 TL Sesamöl • 1 EL helle Sojasauce • 1 TL Garam Masala • 300 g Möhren • 2 Stangen Staudensellerie • 100 g
Sojabohnenkeime • 4–5 Blätter Chinakohl • 1 EL Bockshornkleesamen • 1/2 l
Hühnerbrühe**
für den Dip
**2 EL Sesamsamen • 100 ml Hühnerbrü-
he • 3 EL Sojasauce • 1/2 TL Garam
Masala**
außerdem
1 Hand voll Koriandergrün

1 Das Fleisch unter fließendem kaltem Wasser
abwaschen, trockentupfen und in breite Streifen
schneiden. Reisessig, Sesamöl, Sojasauce und
Garam Masala zu einer Marinade verrühren und
die Fleischstreifen darin wenden.

2 Die Möhren waschen, schälen, längs fünfmal
einkerben und in dünne Scheiben schneiden;
durch das vorherige Einkerben sehen die Scheiben dann wie Blüten aus. Den Sellerie waschen,
putzen und in dünne Scheiben schneiden. Die
Sojabohnenkeime kalt abwaschen und abtropfen lassen. Den Chinakohl waschen und ein
Dämpfkörbchen damit auslegen. Möhren, Sellerie und Bohnenkeime mischen, einlegen und
mit Bockshornkleesamen bestreuen. Die Hähn-
chenstreifen mit der Marinade darauf geben.

3 Die Hühnerbrühe im Wok aufkochen. Das
Dämpfkörbchen in den Wok stellen, den Deckel
des Woks auflegen und alles bei mittlerer Hitze
etwa 15 Minuten garen.

4 Für den Dip die Sesamsamen in einem kleinen
Topf ohne Fettzugabe goldgelb rösten und mit
der Hühnerbrühe ablöschen. Mit Sojasauce und
Garam Masala würzen.

TIPP

Würzen Sie den Dip auf pikante Art,
denn er soll den feinen Geschmack
vom Hähnchen auf Möhrengemüse
aufs Beste abrunden. Durch das
Garen im Dampf wird das Fleisch
besonders saftig und zart.

5 Das Koriandergrün waschen, trockenschütteln und grob hacken. Den Inhalt des Dämpf-
körbchens anrichten und mit Koriandergrün
bestreuen. Den Dip dazu servieren.

Für eine etwas reichhaltigere Variante können Sie 150 Gramm sehr klein gewürfeltes Hähnchenfleisch mit dem Reis und dem Gemüse mischen und alles gemeinsam dämpfen.

TIPP

GEDÄMPFTER GEMÜSEREIS

Pro Port.: 1389 kJ/322 kcal • Chol.: 0 mg
F: 6 g • E: 18 g • KH: 50 g • Ballastst.: 8 g

reicht für 2   dauert 40 Minuten

1 kleine Stange Porree • 1 kleine Möhre • **150 g Paksoi** • 100 g Sojabohnenkeime • **1 kleine gelbe Paprikaschote** • 40 g Ingwer • **1 Knoblauchzehe** • 5 EL asiatische Chilisauce • **300 g gekochter Basmatireis (etwa 100 g roh)** • frisch gemahlener Pfeffer • **1/2 l Hühnerbrühe**
außerdem
1 Hand voll Koriandergrün • helle Sojasauce

1 Den Porree putzen, waschen und in Ringe schneiden. Die Möhre waschen, schälen und in Scheiben schneiden. Den Paksoi waschen, putzen, einige Blätter ablösen und ein Dämpfkörbchen damit auslegen. Den restlichen Paksoi in 1,5 Zentimeter breite Streifen schneiden.

2 Die Sojabohnenkeime unter fließendem kaltem Wasser abbrausen und abtropfen lassen. Die Paprikaschote waschen, halbieren, Stielansatz, Kerne und Trennwände entfernen und das Fruchtfleisch in feine Streifen schneiden.

3 Den Ingwer schälen, den Knoblauch abziehen und beides fein hacken. In einer großen Schüssel mit der Chilisauce verrühren.

4 Den gekochten Reis und das vorbereitete Gemüse unter die Chilisauce mischen. Die Mischung in das mit Paksoi ausgelegte Dämpfkörbchen geben und mit Pfeffer bestreuen.

5 Die Brühe in einem Wok aufkochen. Das Dämpfkörbchen hineinstellen, den Wokdeckel fest schließend auflegen und den Gemüsereis etwa 15 Minuten dämpfen.

6 Zum Servieren das Koriandergrün waschen, trockenschütteln, die Blättchen grob hacken und über den Reis streuen. Am Tisch nach Geschmack etwas Sojasauce und/oder etwas Brühe vom Dämpfen über die Zutaten geben.

Wan-Tans sind kleine, etwa 10 x 10 Zentimeter große dünne Teigblätter, die aus Weizenmehl, Wasser und Salz zubereitet werden. Es gibt sie tiefgekühlt zu kaufen. Mit den verschiedensten würzigen Füllungen werden sie zu Päckchen geformt und in Brühe oder im Dampf gegart. Dazu schmecken pikante Saucen auf der Basis von Soja und Chilischoten besonders gut.

GEDÄMPFTE
WAN-TANS

**Pro Port.: 695 kJ/166 kcal • Chol.: 35 mg
F: 3 g • E: 11 g • KH: 23 g • Ballastst.: 3 g**

reicht für 2   dauert 60 Minuten

**2 getrocknete Tongupilze • 12 tiefge-
kühlte Wan-Tan-Teigplatten • 1 zarte
Frühlingszwiebel • 50 g geschälte Gar-
nelen • 2 EL Maiskörner (Dose) • 20 g
Ingwer • 1 kleine Knoblauchzehe • 1 EL
Austernsauce • 1 Messerspitze Sambal
Oelek • 1 TL Mehl • 1/2 l Gemüsebrühe**

1 Die Tongupilze kalt abbrausen und etwa
15 Minuten in warmem Wasser einweichen. Die
Teigplatten zugedeckt etwas auftauen lassen.

2 Die Frühlingszwiebel waschen, putzen und in
feine Ringe schneiden. Die Garnelen kurz kalt
abbrausen, mit Küchenpapier trockentupfen
und fein hacken. Die Pilze abtropfen lassen und
ohne die harten Stiele in kleine Stücke schneiden. Frühlingszwiebel, Garnelen, Pilzstücke und
Mais miteinander vermischen.

3 Den Ingwer schälen, den Knoblauch abziehen, beides fein hacken und mit Austernsauce
und Sambal Oelek verrühren. Die Gemüse-Gar-
nelen-Mischung damit würzen.

4 Auf jede Teigplatte etwa 1 Teelöffel Füllung in
die Mitte setzen. Das Mehl mit 1 Esslöffel Wasser glatt rühren und die Ränder der Teigplatten
damit einstreichen. Die Seiten der Teigplatten
hochnehmen, über der Füllung ein wenig eindrehen und so zusammendrücken, dass kleine
Säckchen entstehen.

5 Zunächst nur die Hälfte der Säckchen mit
etwas Abstand zueinander in ein Dämpfkörbchen setzen. Die Brühe im Wok aufkochen, das
Dämpfkörbchen hineinstellen und die Teig-
täschchen zugedeckt etwa 6 Minuten bei mittlerer Hitze dämpfen. Die Brühe nicht zu stark
kochen lassen, sonst werden die Säckchen zu
weich. Die restlichen Wan-Tans ebenso garen.

*Würzig gefüllte Wan-Tans schmecken auch
gedämpft hervorragend – frittiert sind sie
für die Asia-Diät nicht unbedingt geeignet.*

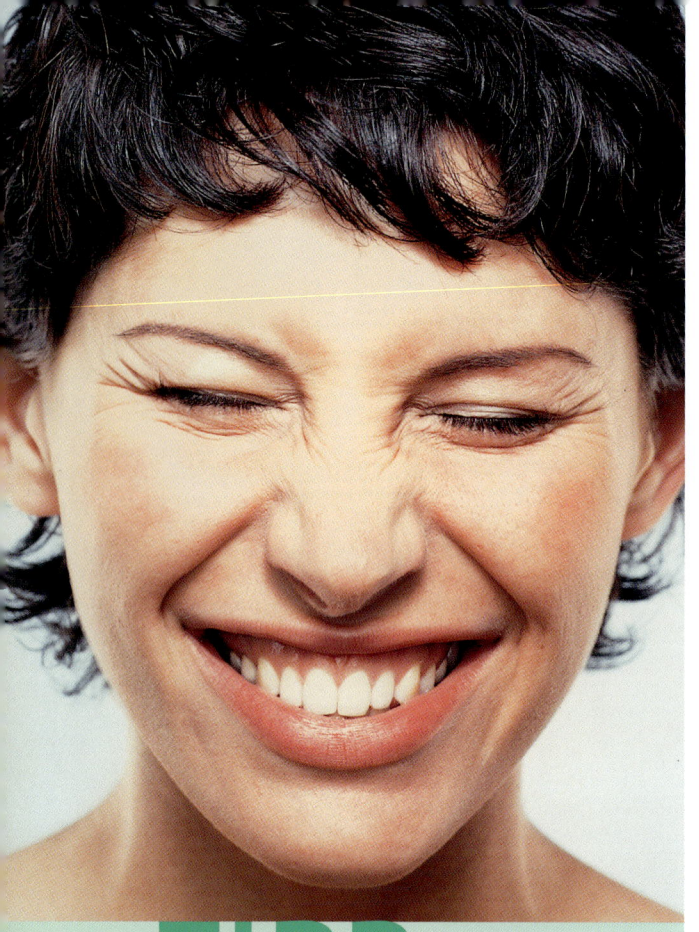

GRÜNES CHINA GEMÜSE AUS DEM DAMPF

**Pro Port.: 762 kJ/168 kcal • Chol.: 0 mg
F: 5 g • E: 16 g • KH: 19 g • Ballastst.: 4 g**

reicht für 2   dauert 25 Minuten

**100 g Brokkoliröschen • 200 g Paksoi •
50 g Zuckerschoten • 2 zarte Frühlingszwiebeln • 2 Stangen Staudensellerie •
20 g Ingwer • 1 kleine Knoblauchzehe
• 1/2 l Gemüsebrühe • 2 EL helle Sojasauce • 2 EL Austernsauce**

1 Das Gemüse waschen und putzen. Den Brokkoli eventuell noch etwas zerkleinern. Den Paksoi in 2 bis 3 Zentimeter breite Streifen schneiden. Die Zuckerschoten von den Fäden befreien
und diagonal dritteln. Die Frühlingszwiebeln
schräg in feine Ringe schneiden. Den Sellerie
schräg in dünne Scheiben schneiden. Das
Gemüse in ein Dämpfkörbchen setzen.

2 Den Ingwer schälen, den Knoblauch abziehen, beides in sehr kleine Würfel schneiden und
über das Gemüse streuen.

3 Die Gemüsebrühe im Wok aufkochen. Das
Dämpfkörbchen hineinstellen, den Wokdeckel
auflegen und das Gemüse bei mittlerer Hitze
10 Minuten dämpfen.

4 Die Sojasauce mit der Austernsauce verquirlen. Das Dämpfkörbchen aus dem Wok nehmen
und das Gemüse anrichten. 5 Esslöffel der
Gemüsebrühe unter die Soja-Austern-Sauce
mischen und diese zum Gemüse reichen.

*Oben: Grünes Blattgemüse ist reich an Fol-
säure, die wichtig ist für die Zellneubildung.*

*Rechts: Die gedämpften Garnelenbällchen
sind ein echter Hingucker beim nächsten
Asiamenü.*

TIPP

Falls Sie das dunkelgrüne Blattgemüse Paksoi nicht bekommen, verwenden Sie Mangold als Ersatz. Und
wenn sich die Chance bietet, probieren Sie Senfkohl mit seinem leicht bit-
teren Aroma. Ob Paksoi, Mangold
oder Senfkohl – in allen Blättern
stecken wertvolle Vitamine, Mineralstoffe und sekundäre Pflanzenstoffe,
aber nur wenig Kalorien. Zum Satt-
essen bestens geeignet!

GEDÄMPFTE GARNELEN BÄLLCHEN

**Pro Port.: 633 kJ/151 kcal • Chol.: 86 mg
F: 5 g • E: 18 g • KH: 8 g • Ballastst.: 4 g**

reicht für 2   dauert 30 Minuten

2 TL Reiswein • 1/2 kleines Eiweiß (Ei Größe S) • 1/2–1 EL Speisestärke • 1/2 TL gehackter Ingwer • Salz • frisch gemahlener weißer Pfeffer • 125 g geschälte, gekochte Tiefseegarnelen • 250 g Brokkoli • 1/2 l Gemüsebrühe • 2 EL Austernsauce • 2 TL Reisessig

1 Den Reiswein mit dem Eiweiß und 1/2 Esslöffel Speisestärke verquirlen. Den Ingwer untermischen, salzen und pfeffern.

2 Die Garnelen kalt abbrausen, abtropfen lassen und mit Küchenpapier trockentupfen. Mit einem Pürierstab oder im Mixer pürieren und unter die Eiweißmischung rühren. Es soll eine leicht kompakte Masse entstehen – eventuell noch etwas Speisestärke dazugeben.

3 Den Brokkoli waschen, putzen und so in Röschen teilen, dass jeweils ein kurzes Strunkstück daran erhalten bleibt.

4 Einen hitzebeständigen Teller auf ein Dämpfkörbchen stellen. Aus der Garnelenmasse mit einem feuchten Esslöffel 10 bis 12 Nocken abstechen, diese mit den Händen zu Klößchen formen und auf den Teller legen. Jeweils 1 Brokkoliröschen mit dem Strunkstück hineinstecken, den übrigen Brokkoli dazulegen.

5 Die Gemüsebrühe im Wok aufkochen. Das Dämpfkörbchen mit dem Teller darauf hineinstellen und den Wok zudecken. Alles gut 5 Minuten dämpfen.

6 Austernsauce und Reisessig in einem Schälchen miteinander verquirlen. Das Dämpfkörbchen mit dem Teller aus dem Wok nehmen und die Garnelenbällchen anrichten. 3 bis 4 Esslöffel der Gemüsebrühe unter die Austern-Reisessig-Sauce mischen und diese zu den Garnelenbällchen servieren.

TIPP

Brokkoli ist ideal zum Abnehmen. Er enthält pro 100 Gramm nur 26 Kilokalorien und eine Extraportion an gesunden Inhaltsstoffen. Kalium senkt den Blutdruck, die Bitterstoffe kurbeln die Verdauung an. Das reichlich in Brokkoli enthaltene Kalzium macht das Gemüse schon fast zu einem guten Milchersatz – wichtig, da in der Asia-Diät wenig Milch und Milchprodukte verwendet werden.

THUNFISCH RAGOUT
MIT CHINAKOHL

**Pro Port.: 1929 kJ/462 kcal • Chol.: 60 mg
F: 11 g • E: 30 g • KH: 57 g • Ballastst.: 4 g**

reicht für 2　　　　　dauert 45 Minuten

20 g Ingwer • 2 TL Zucker • 2 EL Reisessig • 125 g japanischer Klebreis • Salz • 200 g frisches Thunfischfilet • 4 EL Sojasauce • 350 g Chinakohl • frisch gemahlener Pfeffer • 1/2 l Gemüsebrühe

1 Den Ingwer schälen und in feine Scheiben schneiden. Zucker und Reisessig in einem kleinen Topf verrühren, aufkochen und den Ingwer darin zugedeckt 10 Minuten dünsten. Den Ingwer im Sud abkühlen lassen.

2 Den Reis in kochendem Salzwasser garen. Inzwischen das Thunfischfilet kalt abspülen und trockentupfen, in mundgerechte Würfel schneiden und mit etwas Sojasauce beträufeln.

3 Den Chinakohl waschen, putzen und in 2 Zentimeter breite Streifen schneiden. Mit wenig Salz, Pfeffer und der restlichen Sojasauce mischen. Das Gemüse in ein Dämpfkörbchen geben und die Thunfischstücke darauf verteilen.

4 Die Gemüsebrühe im Wok aufkochen. Das Dämpfkörbchen hineinstellen, den Wokdeckel auflegen und das Gemüse mit dem Thunfisch etwa 10 Minuten dämpfen.

5 Gemüse, Thunfisch, Reis und gekochten Ingwer zusammen anrichten.

Typisch für die japanische Küche – die Zutaten werden schonend gegart, und der Eigengeschmack bleibt bestens erhalten.

FISCHE IM REIS
NUDELBETT

**Pro Port.: 1883 kJ/450 kcal • Chol.: 88 mg
F: 13 g • E: 47 g • KH: 33 g • Ballastst.: 5 g**

reicht für 2　　　　　dauert 40 Minuten

75 g breite Reisnudeln • 2 zarte Stangen Porree • 1 rote Peperoni • 2 küchenfertige Portionsfische à 200 g, z.B. Rotbarben • 30 g Ingwer • 1 Knoblauchzehe • Salz • 2 TL Sojaöl • 1/4 l Hühnerbrühe • 2 EL Sojasauce • 1 TL Sambal Oelek • 1/2 Bund Schnittknoblauch

1 Die Reisnudeln mit heißem Wasser übergießen und etwa 20 Minuten quellen lassen.

2 Den Porree putzen, aufschlitzen, waschen und in möglichst lange, nudelbreite Streifen schneiden. Die Peperoni waschen, längs aufschneiden, die Kerne entfernen und das Fruchtfleisch in lange, schmale Streifen schneiden.

3 Die Fische kalt abwaschen und trockentupfen. Auf jeder Seite dreimal leicht diagonal einschneiden. Den Ingwer schälen, den Knoblauch abziehen, beides in sehr feine Stifte schneiden und in die Einschnitte und Bauchhöhlen der Fische stecken. Die Fische innen leicht salzen.

4 Das Öl im Wok schwach erhitzen, den Porree und die Peperonistreifen darin unter Rühren 1/2 Minute anbraten. Die Nudeln abtropfen lassen und unter Rühren kurz mitbraten. Mit Brühe ablöschen, mit Sojasauce und Sambal Oelek würzen. Die Fische nebeneinander darauf legen und zugedeckt etwa 7 Minuten dämpfen.

5 Die Fische herausheben. Die Reisnudelmischung umrühren und zusammen mit den Fischen servieren. Den Schnittknoblauch waschen, trockenschütteln, in Stücke schneiden und zum Garnieren verwenden.

GEDÄMPFTE CHILI BRASSEN

Pro Port.: 1380 kJ/329 kcal • Chol.: 112 mg
F: 10 g • E: 51 g • KH: 6 g • Ballastst.: 2 g

reicht für 2   dauert 35 Minuten

2 küchenfertige Meerbrassen à 300 g • 2 grüne Chilischoten • 2 rote Chilischoten • 1 kleine Knoblauchzehe • 30 g Ingwer • Salz • 1/2 l leichte Hühnerbrühe • 1 kleine Möhre • 1 zarte Frühlingszwiebel • 1 Zitronenblatt • 3 EL Fischsauce

1 Die Brassen nach Bedarf nachschuppen, kalt abbrausen und trockentupfen. Auf jeder Seite dreimal schräg bis auf die Gräten einschneiden.

2 Chilischoten waschen und putzen. Knoblauch abziehen und Ingwer schälen. Alles fein hacken und in die Bauchhöhlen der Brassen sowie in die äußeren Einschnitte geben. Die Fische leicht salzen und auf den Dämpfeinsatz des Woks legen.

3 Die Hühnerbrühe im Wok aufkochen. Die Fische auf dem Dämpfeinsatz hineinstellen, den Wokdeckel auflegen und die Brassen etwa 8 Minuten dämpfen.

4 Inzwischen die Möhre waschen, schälen, längs viermal einkerben und in dünne Scheiben schneiden. Die Frühlingszwiebel waschen, putzen und schräg in feine Ringe schneiden. Das Zitronenblatt in feine Streifen schneiden.

5 Die gegarten Brassen auf eine Platte legen, mit Fischsauce beträufeln und abdecken. Möhren, Frühlingszwiebel und Zitronenblatt 1 Minute in die kochende Brühe geben, herausheben und über die Fische geben.

Im Dampf gegart, wird das Fischfleisch schön zart.

TIPP

Meeresfisch sollte häufig auf den Tisch kommen. Er enthält reichlich Jod, einen Mineralstoff, an dem es uns oft mangelt. Auch der Fatburner Magnesium ist in Fisch reichlich enthalten.

RührbratWok

Schnell wie der Blitz

Bei Asiens Garmethode schlechthin werden zuvor klein geschnittene Zutaten in Windeseile unter ständigem Rühren im superheißen Wok gebraten. Gemüse behält Biss, Vitamine und Mineralstoffe werden optimal geschont. Mit Fett kann man geizen und damit den Kaloriengehalt wunderbar niedrig halten. Fleisch und Fisch dienen eher als Begleitung, Gemüse, Reis und Nudeln spielen die Hauptrolle. Kurzum: Eine ideale Garmethode für die schlanke Linie.

en im

RINDERFILET MIT ZUCKER SCHOTEN

Pro Port.: 1340 kJ/320 kcal • Chol.: 88 mg
F: 11 g • E: 34 g • KH: 19 g • Ballastst.: 4 g

reicht für 2   dauert 30 Minuten

30 g Galgantwurzel • 1 Knoblauchzehe • 2 TL Sojaöl • 1/4 TL Sambal Manis • 3 EL helle Sojasauce • 250 g Rinderfilet • 125 g Zuckerschoten • 100 g frische Maiskölbchen • 1/2 TL Speisestärke • 1/8 l Fleischbrühe

1 Die Galgantwurzel schälen, die Knoblauchzehe abziehen und beides sehr fein hacken. In einem Schälchen mit Sojaöl, Sambal Manis und Sojasauce zu einer Marinade verrühren.

2 Das Rinderfilet kalt abwaschen, trockentupfen und nicht zu fein schnetzeln. In der Marinade wenden und 15 Minuten ziehen lassen.

3 Die Zuckerschoten waschen, putzen und schräg halbieren oder dritteln. Die Maiskölbchen waschen und ebenfalls dritteln.

4 Den Wok erhitzen und das marinierte Fleisch portionsweise darin unter Rühren kurz anbraten. Gegarte Stücke an den Rand schieben.

5 Ist das ganze Fleisch angebraten, die Zuckerschoten und die Maiskölbchen in den Wok geben und unter Rühren kurz anbraten. Die Speisestärke mit der Fleischbrühe glatt rühren, zugießen und alles zusammen 3 bis 4 Minuten rührbraten.

Erkunden Sie das Angebot an asiatischen Nudeln in Ihrem Asialaden – sie sind immer eine willkommene Beilage.

TIPPS

▶ Als Beilage können Sie Duftreis oder chinesische Weizennudeln servieren. 50 Gramm Reis liefert etwa 170 Kilokalorien, 50 Gramm Nudeln etwa 180 Kilokalorien.

▶ Rindfleisch steht bei der Asia-Diät zwar hinter Gemüse & Co. zurück, liefert aber dennoch wertvolle Stoffe. Es ist reich an Eisen und steigert so die Abwehrkräfte, und das enthaltene Zink aktiviert und stärkt das Immunsystem. Wenn Sie beim mageren Filet bleiben, hält sich auch der Fett- und Kaloriengehalt sehr in Grenzen – Sie können also getrost genießen.

▶ Zum Tofu in Kokossauce passen Reisnudeln gut. Bei 40 Gramm pro Portion bedeutet dies für jeden etwa 160 Kilokalorien zusätzlich.

▶ Je nach Geschmack und Verfügbarkeit können Sie das Gemüse beliebig variieren. Durch die Kombination mit dem eiweißreichen Tofu, aromatisch abgerundet durch die leicht pikante Chili-Kokos-Sauce, erhalten Sie ein leichtes, gesundes Mahl, das zudem sehr preiswert ist.

TOFU
IN PIKANTER
KOKOSSAUCE

Pro Port.: 1106 kJ/264 kcal • Chol.: 0 mg
F: 10 g • E: 23 g • KH: 18 g • Ballastst.: 9 g

reicht für 2   dauert 30 Minuten

1 kleine Knoblauchzehe • 20 g Ingwer • 1 kleine rote Chilischote • 2 EL helle Sojasauce • 2 EL Reisessig • 1/2 TL schwarze Bohnenpaste • 2 EL Kokosnusspulver • 100 ml Hühnerbrühe • 1/2 TL Speisestärke • 250 g Tofu • 150 g Zuckerschoten • 150 g Möhren • 150 g Champignons • einige Tropfen Sojaöl im Sprühfläschchen

1 Den Knoblauch abziehen, den Ingwer schälen, die Chilischote waschen und entkernen. Alles fein hacken und mit Sojasauce, Reisessig, Bohnenpaste, Kokosnusspulver, Hühnerbrühe und der Speisestärke zu einer Sauce verquirlen.

2 Den Tofu zunächst in 1,5 Zentimeter breite Scheiben, dann in ebenso lange Streifen schneiden und in der Sauce wenden.

3 Die Zuckerschoten waschen, putzen und schräg dritteln. Die Möhren waschen, schälen, in 3 Zentimeter lange Stücke und diese in dünne Längsscheiben schneiden. Die Champignons waschen oder mit einem feuchten Tuch abreiben, putzen und in Scheiben schneiden.

4 Etwas Öl in den Wok sprühen und erhitzen, die Zuckerschoten und die Möhren darin unter Rühren 2 Minuten anbraten. Die Pilze dazugeben und 2 Minuten mitbraten.

5 Den Tofu und die Sauce in den Wok geben, alles vermengen und noch kurz durchkochen.

INDONESISCHES GELBWURZEL GEMÜSE

Pro Port.: 845 kJ/202 kcal • Chol.: 0,1 mg
F: 10 g • E: 7 g • KH: 18 g • Ballastst.: 8 g

reicht für 2   dauert 25 Minuten

30 g frische Gelbwurzel (Kurkuma) • 1 Zwiebel • 2 Knoblauchzehen • 1/2–1 TL Sambal Trassie oder Sambal Oelek • 3 EL Sojasauce • 1 EL Reisessig • 200 g Rettich • 200 g Möhren • 200 g Salatgurke • 2 EL Cashewkerne • 2 TL Kokosnussöl oder Sojaöl • 150 ml Hühnerbrühe • 1 Prise Zucker

1 Die Gelbwurzel schälen, die Zwiebel und den Knoblauch abziehen und alles grob würfeln. Zusammen mit Sambal Trassie oder Sambal Oelek, Sojasauce und Reisessig im Mixer grob pürieren.

2 Den Rettich, die Möhren und die Salatgurke putzen, schälen und in knapp 10 Zentimeter lange Stücke schneiden. Die Stücke erst längs in dünne Scheiben, dann in schmale Streifen schneiden.

3 Die Cashewkerne grob hacken. Das Öl im Wok nicht zu stark erhitzen und die Cashewkerne darin unter Rühren goldbraun braten. Die pürierte Gewürzmischung dazugeben und alles unter Rühren kurz anschwitzen.

4 Rettich- und Möhrenstreifen dazugeben und unter Rühren kurz anschwitzen. Die Brühe angießen und das Gemüse unter häufigem Rühren bei mittlerer Hitze 5 Minuten garen.

5 Die Gurkenstreifen dazugeben und weitere 3 bis 4 Minuten mitgaren. Mit Zucker würzen. Dazu Basmatireis servieren.

KOKOSREIS MIT GEMÜSE STREIFEN

Pro Port.: 940 kJ/225 kcal • Chol.: 0 mg
F: 7 g • E: 6 g • KH: 32 g • Ballastst.: 5 g

reicht für 2   dauert 30 Minuten

30 g feste Kokosnusscreme • 150 ml Gemüsebrühe • 60 g Langkornreis • 1 zarte Stange Porree • 1 Stange Staudensellerie • 2 zarte Möhren • 20 g Ingwer • einige Tropfen Sojaöl im Sprühfläschchen • 1 EL Mandelstifte • 1 TL gemahlener Kreuzkümmel • 1 EL Rosinen • 1–2 TL Sambal Oelek • Salz

1 Die Kokosnusscreme fein raspeln und in einem Topf mit der Gemüsebrühe verrühren. Den Reis dazugeben, aufkochen und zugedeckt bei schwacher Hitze in knapp 20 Minuten garen.

2 Inzwischen den Porree, den Sellerie und die Möhren waschen, putzen bzw. schälen und in feine lange Streifen schneiden. Den Ingwer schälen und klein würfeln.

3 Etwas Öl in den Wok sprühen, erhitzen und Ingwer und Mandelstifte darin unter Rühren kurz anrösten. Das Gemüse zufügen und unter Rühren braten. Mit Kreuzkümmel würzen und die Rosinen untermengen.

4 Den Reis dazugeben und alles unter Rühren noch 2 bis 3 Minuten braten. Mit Sambal Oelek und etwas Salz würzen.

TIPP

Statt der Kokosnusscreme können Sie 4 Esslöffel (20 Gramm) Kokosnusspulver verwenden – darin stecken 120 Kilokalorien und 8,5 Gramm Fett.

BROKKOLI MIT TOFU UND GARNELEN

**Pro Port.: 865 kJ/206 kcal • Chol.: 52 mg
F: 7 g • E: 23 g • KH: 11 g • Ballastst.: 7 g**

reicht für 2   dauert 30 Minuten

**125 g Tofu • 2 EL Tamarindensauce •
frisch gemahlener Pfeffer • 1 große
Knoblauchzehe • 75 g geschälte Tiefseegarnelen • 4 EL Sojasauce • 400–
500 g Brokkoli • einige Tropfen Sojaöl
im Sprühfläschchen • 1/2 TL Speisestärke • 100 ml Gemüsebrühe • 4 Zitronenblätter**

1 Den Tofu in breite Stifte schneiden. Die Tamarindensauce mit Pfeffer würzen. Den Knoblauch
abziehen, zerdrücken und unter die Tamarindensauce rühren. Die Tofustifte darin wenden.

2 Die Garnelen kalt abbrausen und sehr gut
abtropfen lassen. In der Sojasauce wenden.

3 Den Brokkoli waschen, putzen und in kleine
Röschen zerteilen. Die Stiele schälen und in
feine Stifte schneiden.

4 Etwas Öl in einen Wok sprühen, nicht zu stark
erhitzen und den Brokkoli darin unter ständigem Rühren etwa 5 Minuten braten.

5 Die Speisestärke mit der Brühe glatt rühren
und in den Wok gießen. Den Tofu und die Garnelen dazugeben. Alles vermischen und noch
etwa 3 Minuten bei schwacher Hitze garen.

6 Die Zitronenblätter waschen, abtrocknen, in
ganz feine Streifen schneiden und über den
Brokkoli streuen.

*Ideal für den schnellen Hunger: Der Brok-
koli mit Tofu und Garnelen ist im Wok ruck,
zuck gegart.*

TIPPS

▶ Tamarinde ist die zimtfarbene, bis
zu 20 Zentimeter lange Hülsenfrucht
der indischen Sauerdattel. Sie enthält
ein herb-säuerliches Fruchtmark, das
Speisen ein leicht säuerliches, frisches
Aroma verleiht. Hier wird Tamarindensauce aus der Flasche verwendet,
ein praktisches Fertigprodukt aus
dem Asienladen. Sie können aber
auch Tamarindenpaste oder -pulver
mit Wasser anrühren und diese
Mischung verwenden.

▶ Als Beilage 100 Gramm Duftreis
garen; pro Person dann etwa 170
Kilokalorien hinzurechnen.

GEBRATENE NUDELN MIT SCHWEIN

Pro Port.: 2088 kJ/499 kcal • Chol.: 53 mg
F: 12 g • E: 36 g • KH: 61 g • Ballastst.: 8 g

reicht für 2   dauert 25 Minuten

150 g breite Reisbandnudeln • 150 g **Schweinefilet** • **4 EL helle Sojasauce** • **1 EL süße Sojasauce** • **2 TL Reisessig** • **1/2–1 TL Sambal Oelek** • **30 g ungesalzene Erdnüsse** • 3 **Frühlingszwiebeln** • **125 g Sojabohnenkeime** • einige Tropfen Sojaöl im Sprühfläschchen

1 Die Reisbandnudeln mit warmem Wasser übergießen und 15 Minuten quellen lassen.

2 Inzwischen das Schweinefilet kurz unter fließendem kaltem Wasser abwaschen, trockentupfen und in dünne, kleine Scheiben schneiden.

3 Beide Sorten Sojasauce mit Reisessig und Sambal Oelek verrühren. Die Erdnüsse fein mahlen. Die Frühlingszwiebeln waschen, putzen und in dünne Ringe schneiden. Die Sojabohnenkeime waschen und abtropfen lassen.

4 Etwas Öl in einen Wok sprühen, erhitzen und das Fleisch portionsweise darin unter Rühren rundherum scharf anbraten. Gegartes Fleisch an den Rand schieben. Ist das ganze Fleisch angebraten, die Würzsauce einrühren.

5 Den größten Teil der Frühlingszwiebeln zum Fleisch geben und alles 1 Minute rührbraten. Die Nudeln abtropfen lassen und zusammen mit den Sojabohnenkeimen in den Wok geben. Alles bei mittlerer Hitze 2 Minuten unter ständigem Rühren braten.

6 Die gemahlenen Erdnüsse aufstreuen und alles noch 1 bis 2 Minuten verrühren. Mit den übrigen Frühlingszwiebeln bestreuen und sofort servieren.

SCHARFE REIS NUDELN MIT PUTE

Pro Port.: 1637 kJ/392 kcal • Chol.: 60 mg
F: 7 g • E: 36 g • KH: 44 g • Ballastst.: 6 g

reicht für 2   dauert 30 Minuten

100 g Reisbandnudeln • **3 kleine Chilischoten** • **2 zarte Stangen Porree** • 200 g **Putenbrustfilet** • **2 EL Cashewkerne** • **Sojaöl im Sprühfläschchen** • **4 EL Fisch- oder Austernsauce** • **2 EL süße Sojasauce** • **4 Zweige Thai-Basilikum**

1 Die Reisbandnudeln mit warmem Wasser übergießen und 15 Minuten quellen lassen.

2 Chilischoten waschen, putzen und in sehr feine Ringe schneiden. Den Porree putzen, waschen und in feine Ringe schneiden.

3 Das Fleisch abwaschen, trockentupfen und fein schnetzeln. Die Cashewkerne grob hacken.

4 Etwas Öl in den Wok sprühen, nicht zu stark erhitzen und die Cashewkerne darin goldbraun anbraten. Die Chili- und die Porreeringe dazugeben und alles 2 bis 3 Minuten rührbraten.

5 Das Gemüse an den Rand des Woks schieben. Das Putenfleisch in der Mitte des Woks 1 Minute unter Rühren rundherum scharf anbraten. Mit dem Porreegemüse mischen.

6 Die Nudeln abtropfen lassen und dazugeben. Mit Fisch- oder Austern- und Sojasauce würzen und noch 1 bis 2 Minuten unter Rühren braten.

7 Thai-Basilikum waschen, trockenschütteln, in Streifen schneiden und über die Nudeln streuen.

Thai-Basilikum, das ähnlich wie Minze schmeckt, gibt den gebratenen Reisnudeln mit Pute ihr besonderes Aroma.

TINTENFISCH
MIT SCHWARZEN
BOHNEN

**Pro Port.: 1034 kJ/247 kcal • Chol.: 188 mg
F: 3 g • E: 31 g • KH: 21 g • Ballastst.: 5 g**

reicht für 2   dauert 30 Minuten

250 g küchenfertiger Tintenfisch • **1 Bund
zarte Frühlingszwiebeln** • **100 g Zuckerschoten** • **2 kleine Zucchini** • **2 Knoblauchzehen** • **20 g Ingwer** • **2 kleine
grüne Chilischoten** • **einige Tropfen Sojaöl im Sprühfläschchen** • **2 EL schwarze
Bohnenpaste** • **2 EL Reiswein** • **1 TL
Speisestärke** • **3 EL helle Sojasauce**

1 Den Tintenfisch kalt waschen und trockentupfen. In Stücke schneiden, große Körper (Tuben)
dabei halbieren und mit einer Messerspitze
mehrfach kreuzweise einritzen.

2 Das Gemüse waschen und putzen. Die weißen
Knollen der Frühlingszwiebeln fein würfeln, das
Grün in 4 Zentimeter lange Stücke und diese
längs in Streifen schneiden. Die Zuckerschoten
dritteln. Die Zucchini längs halbieren und in
dünne Scheiben schneiden.

3 Den Knoblauch abziehen, den Ingwer schälen
und beides fein hacken. Die Chilischoten
waschen, Stielansätze und Kerne entfernen und
das Fruchtfleisch fein hacken. Alles mischen.

4 Etwas Öl in den Wok sprühen, erhitzen und
die weißen Frühlingszwiebelteile und die Knob-
lauchmischung darin unter Rühren kurz anbraten. An den Rand schieben, die Tintenfische und
nach und nach das Gemüse in der Wokmitte
unter Rühren anbraten.

5 Die Bohnenpaste und den Reiswein einrühren. Die Speisestärke mit der Sojasauce glatt
rühren, in den Wok gießen und alles noch einmal aufkochen. Einen Teil des Zwiebelgrüns
untermischen, den Rest obenauf streuen. Dazu
Reis servieren.

*Auch Meeresfrüchte, zusammen mit knacki-
gem Gemüse, sind eine willkommene Zutat
für die leichte Asiaküche.*

Der Tintenfisch liefert wertvolles Eiweiß, das Gemüse wichtige Vitamine, Mineralien und Ballaststoffe. Durch die reichliche Verwendung von Ingwer, Knoblauch und Chilis wird alles besonders gut bekömmlich – die Gewürze kurbeln die Verdauung an.

GLASNUDEL PFANNE
MIT SHIITAKEPILZEN

Pro Port.: 1189 kJ/284 kcal · Chol.: 129 mg
F: 5 g · E: 11 g · KH: 48 g · Ballastst.: 4 g

reicht für 2   dauert 30 Minuten

80 g Glasnudeln · 20 g Ingwer · 1 Knoblauchzehe · 100 g Shiitakepilze · 1 Möhre · 1 kleines Bund Frühlingszwiebeln · einige Tropfen Sojaöl im Sprühfläschchen · 1 Ei (Größe M) · 2 EL helle Sojasauce · 2 EL Fischsauce · 1 TL Sambal Oelek · 1/8 l Gemüsebrühe · 4 Zweige Thai-Basilikum

1 Die Glasnudeln für 15 Minuten in warmem Wasser einweichen. Den Ingwer schälen, den Knoblauch abziehen und beides fein hacken.

2 Die Shiitakepilze putzen und waschen oder mit einem feuchten Tuch abreiben. Ohne die Stiele in breite Streifen schneiden. Die Möhre schälen, die Frühlingszwiebeln waschen, putzen und beides in dünne Scheiben schneiden.

3 Etwas Öl in den Wok sprühen und nicht zu stark erhitzen. Das Ei verquirlen, in den Wok gießen und zu einem Omelett backen. Herausnehmen und in Streifen schneiden.

4 Wieder etwas Öl in den Wok sprühen, erhitzen und Ingwer und Knoblauch darin kurz anbraten. Pilze, Frühlingszwiebeln und Möhre unter Rühren 3 Minuten mitbraten.

5 Sojasauce, Fischsauce, Sambal Oelek und Brühe verrühren und in den Wok gießen. Die Glasnudeln abtropfen lassen und eventuell mit einer Schere klein schneiden. Glasnudeln und Omelettstreifen unter die Wokmischung rühren und kurz erhitzen.

6 Das Basilikum waschen, die Blättchen in Streifen schneiden und über das Gericht streuen.

NUDEL PFANNE MIT MU-ERR-PILZEN

Pro Port.: 1933 kJ/462 kcal · Chol.: 0 mg
F: 3 g · E: 22 g · KH: 84 g · Ballastst.: 14 g

reicht für 2   dauert 30 Minuten

20 g getrocknete Mu-Err-Pilze · 200 g chinesische Weizennudeln · Salz · 1 Bund zarte Frühlingszwiebeln · 200 g Chinakohl · 1 kleine rote Paprikaschote · 1/8 l Gemüsebrühe · 1 TL Speisestärke · 3 EL helle Sojasauce · 1 EL schwarze Bohnenpaste · 1 TL Sambal Oelek · einige Tropfen Sojaöl im Sprühfläschchen · 2 Knoblauchzehen
außerdem
1 Hand voll Koriandergrün

1 Die Mu-Err-Pilze abbrausen und in warmem Wasser einweichen. Die Nudeln in Salzwasser etwa 2 Minuten vorgaren, herausnehmen und abtropfen lassen.

2 Frühlingszwiebeln, Chinakohl und Paprikaschote waschen, putzen und in kleine Stücke schneiden. Die Mu-Err-Pilze abtropfen lassen und etwas kleiner schneiden.

3 Die Gemüsebrühe mit Speisestärke, Sojasauce, Bohnenpaste und Sambal Oelek zu einer Sauce verquirlen.

4 Etwas Öl in den Wok sprühen und erhitzen. Den Knoblauch abziehen und durch die Knoblauchpresse dazudrücken. Nach und nach die Mu-Err-Pilze und das Gemüse darin unter ständigem Rühren anbraten. Die Nudeln dazugeben und mitanbraten. Die Sauce unter Rühren dazugeben und alles noch kurz aufkochen lassen.

5 Das Koriandergrün waschen, trockenschütteln, hacken und über die Nudelpfanne streuen.

GEBRATENE RICEFLAKES MIT BAMBUS

Pro Port.: 1271 kJ/303 kcal • Chol.: 0 mg
F: 5 g • E: 12 g • KH: 50 g • Ballastst.: 6 g

reicht für 2   dauert 30 Minuten

100 g Riceflakes (stückige Reisnudeln) •
1 Möhre • 1 Zucchino • 100 g Sojabohnenkeime **• 100 g Bambussprossen (aus**
der Dose) • 2 rote Chilischoten • 20 g
Ingwer • 1 Knoblauchzehe • einige
Tropfen Sojaöl im Sprühfläschchen •
4 EL helle Sojasauce **• 1 EL schwarze**
Sesamsamen

1 Die Riceflakes mit heißem Wasser übergießen
und 15 Minuten quellen lassen.

2 Die Möhre waschen, schälen und schräg in
dünne Scheiben schneiden. Zucchino waschen,
putzen, längs halbieren und in dünne Scheiben
schneiden. Die Keime abbrausen. Den Bambus
abtropfen lassen und eventuell klein schneiden.

3 Die Chilischoten waschen und putzen, Ingwer
schälen und Knoblauch abziehen. Alles ganz fein
hacken und miteinander vermischen.

4 Etwas Öl in den Wok sprühen, erhitzen und
die Chilimischung darin unter Rühren kurz braten. Möhre und Zucchino dazugeben und
1 Minute rührbraten. Die Bohnenkeime und
den Bambus einrühren und 2 bis 3 Minuten
unter Rühren mitbraten.

5 Die Riceflakes abtropfen lassen und in den
Wok geben. Die Sojasauce angießen und alles
noch etwa 2 Minuten unter Rühren braten. Herausnehmen und mit Sesamsamen bestreuen.

Essstäbchen sorgen nicht nur für asiatisches
Flair am Tisch, mit ihnen isst man auch
automatisch langsamer und damit weniger.

TIPP

Riceflakes sind in große Stücke
geschnittene Nudeln aus Reismehl.
Wenn Sie Riceflakes nicht bekommen, verwenden Sie Reisbandnudeln
– die Zubereitung ändert sich ebenso
wenig wie der Kaloriengehalt.

Sushi & Klassiker

Aus Asiens kulinarischer Schatztruhe

Wer bei uns an die japanische Küche denkt, denkt ganz sicher auch an Sushi, die attraktiven Reishäppchen. Selbst Bami Goreng und Nasi Goreng sind längst keine Unbekannten mehr, ebenso wenig wie Tandoorihuhn oder Feuertopf. Ob aus China, Japan, Indien oder Indonesien – genießen Sie die leichten Klassiker Asiens. Allesamt schonend zubereitet, niedrig im Fettgehalt und reich an wertvollen Inhaltsstoffen.

andere

NASI
GORENG

**Pro Port.: 1398 kJ/334 kcal • Chol.: 196 mg
F: 8 g • E: 29 g • KH: 36 g • Ballastst.: 5 g**

reicht für 2   dauert 30 Minuten

**1 große Zwiebel • 1 Knoblauchzehe •
1 große rote Chilischote • 2 Stangen
Staudensellerie • 1 kleine Möhre •
100 g Sojabohnenkeime • 100 g Hähnchenbrustfilet • 50 g geschälte Tiefseegarnelen • einige Tropfen Sojaöl im
Sprühfläschchen • 1 Ei (Größe M) • 3 EL
helle Sojasauce • frisch gemahlener
weißer Pfeffer • 250 g gekochter Reis
(entspricht etwa 80 g rohem Reis)**

1 Die Zwiebel und den Knoblauch abziehen und
fein hacken. Die Chilischote waschen, den Stielansatz abschneiden, die Kerne herauskratzen
und das Fruchtfleisch in feine Ringe schneiden.

2 Den Sellerie waschen und putzen, die Möhre
schälen und beides in dünne Scheiben schneiden. Die Sojabohnenkeime abbrausen und
abtropfen lassen.

3 Das Hähnchenfleisch kalt abwaschen, mit
Küchenpapier trockentupfen und fein schnetzeln. Die Garnelen in einem Sieb kalt abbrausen
und abtropfen lassen.

**Der Klassiker Nasi Goreng stammt
von der indonesischen Insel Java.
Grundlage ist stets gekochter Reis,
ansonsten kommt hinein, was zur
Verfügung steht. Ob mit Huhn,
Schwein oder Rind, mit Garnelen
oder Fisch – probieren Sie verschiedene Varianten.**

4 Etwas Öl in den Wok sprühen und schwach
erhitzen. Das Ei mit 1 Esslöffel Sojasauce und
etwas Pfeffer verquirlen, in den Wok gießen und
zu einem Omelett backen. Herausnehmen und
in feine Streifen schneiden.

5 Wieder etwas Öl in den Wok sprühen und
erhitzen. Zwiebel- und Knoblauchwürfel sowie
die Chiliringe darin 1 Minute unter Rühren braten. Das vorbereitete Gemüse 2 Minuten mitbraten und an den Rand schieben. Das Fleisch
unter Rühren scharf anbraten, die Garnelen einrühren und mitbraten.

6 Den Reis untermischen und alles unter häufigem Wenden in 3 bis 4 Minuten goldgelb braten. Mit der restlichen Sojasauce und Pfeffer
würzen und die Omelettstreifen unterheben.

Um bei der Zubereitung im Wok mit wenig Öl auszukommen – immerhin stecken fast 90 Kilokalorien in 1 Esslöffel Öl –, gibt es ein paar Tricks. Füllen Sie das Öl in ein lebensmitteltaugliches Sprühfläschchen, und benetzen Sie den Wok mit einem feinen Fettfilm. Oder verstreichen Sie 1 bis 2 Teelöffel Öl mit einem Pinsel.

BAMI
GORENG

Pro Port.: 1550 kJ/370 kcal • Chol.: 70 mg
F: 6 g • E: 29 g • KH: 51 g • Ballastst.: 5 g

reicht für 2   dauert 30 Minuten

100 g breite Reisbandnudeln • **200 g Rinderfilet** • **1 Zwiebel** • **1 Knoblauchzehe** • **300 g gemischtes Gemüse (z. B. Möhre, Frühlingszwiebel, Shiitakepilze, Staudensellerie)** • **einige Tropfen Sojaöl im Sprühfläschchen** • **4–5 EL Sojasauce** • **1/2–1 TL Sambal Oelek**
außerdem
Sojasauce zum Servieren

1 Die Reisbandnudeln 15 Minuten in warmem Wasser einweichen.

2 Das Rinderfilet unter kaltem Wasser waschen, mit Küchenpapier trockentupfen und nicht zu fein schnetzeln. Zwiebel und Knoblauch abziehen und fein würfeln. Das Gemüse waschen, putzen und in feine Streifen schneiden.

3 Etwas Öl in den Wok sprühen, schwach erhitzen und Zwiebel- und Knoblauchwürfel darin unter Rühren glasig werden lassen. Das Gemüse dazugeben und alles 4 Minuten rührbraten.

4 Das Gemüse an den Rand schieben. Nach und nach das Fleisch in der Mitte des Woks unter Rühren scharf anbraten.

5 Die Sojasauce mit Sambal Oelek verrühren und in den Wok gießen. Die Nudeln abtropfen lassen und dazugeben. Alle Zutaten vermengen und unter Rühren etwa 4 Minuten braten, bis die Nudeln heiß sind. Dazu Sojasauce servieren.

Das indonesische Bami Goreng ist das Pendant zum Klassiker Nasi Goreng, allerdings mit Reisnudeln statt mit Reis zubereitet.

HANDGEFORMTE
SUSHI

**Pro Port.: 1679 kJ/401 kcal • Chol.: 38 mg
F: 3 g • E: 29 g • KH: 63 g • Ballastst.: 2 g**

reicht für 2 (12–14 Stück)   dauert 25 Minuten
gart 35 Minuten

**150 g japanischer Klebreis • 1 kleines
Stück getrockneter Seetang (Nori) •
1 1/2 EL Reisessig • 1 TL Zucker • 1/2 TL
Salz • 1/2–1 EL Wasabipaste • 250–
300 g ganz frisches Fischfilet (z. B. Lachs
und Brasse)
außerdem
1 Stück Porree (etwa 15 cm lang)**

1 Den Reis in einem Sieb abspülen und abtropfen lassen. Mit 240 Milliliter Wasser und dem Seetang langsam aufkochen, 2 Minuten sprudelnd kochen lassen, das Seetangstück herausnehmen, die Hitze stark reduzieren und den Reis zugedeckt etwa 20 Minuten quellen lassen. Die Hitze ausschalten, ein sauberes Küchentuch zwischen Topf und Deckel legen und den Reis in weiteren 10 Minuten ausquellen lassen.

2 In der Zwischenzeit den Reisessig mit Zucker und Salz leicht erwärmen und verrühren, bis sich der Zucker aufgelöst hat.

3 Den Reis in eine Schüssel umfüllen und sofort mit der Essigmischung vermengen. Dabei nicht zu kräftig rühren, sonst werden die Reiskörner matschig. Reis auf Körpertemperatur abkühlen lassen und dann mit einem feuchten Tuch abdecken, damit er nicht zu trocken wird.

4 Für jedes Sushi etwa 1 Esslöffel gegarten Sushireis in der mit kaltem Wasser befeuchteten Hand zu einem länglichen Block formen. Hauchdünn mit Wasabipaste bestreichen.

5 Das Fischfilet unter fließendem kaltem Wasser abwaschen, trockentupfen und in Stücke schneiden, die genau auf die Reisblöcke passen. Die Fischstücke auf die Reisblöcke legen.

6 Den Porree waschen, putzen und die Blätter in ganz schmale lange Streifen schneiden. Die Porreestreifen 1/2 Minute blanchieren, herausnehmen, abtropfen lassen und um die belegten Reishäppchen wickeln.

▶ Servieren Sie zu den handgeformten Sushi nach Belieben Wasabi, Sojasauce und süßsauer eingelegten Ingwer (Shoga).

▶ Zum Belegen der Sushi eignen sich auch andere Zutaten wie Makrele, Thunfisch, Forelle, Seezunge, Garnelen, geräucherter Tofu, Rinderfilet oder Omelettstücke. Wer Rohes nicht mag, verwendet gegarte Zutaten.

TIPPS
TIPP

Sushi sind die äußerst dekorativen Reishäppchen, von denen man in Japan viele Variationen kennt. Grundlage ist stets Reis, der nach dem Garen mit Essig und Zucker fein aromatisiert wird. Die in der Hand zu Tüten gerollten Sushi sind einfach zu machen. Als Hülle dienen Nori-Blätter, das ist getrockneter und gerösteter Seetang. Alle Zutaten sind problemlos in Asienshops erhältlich.

SUSHI
IN TÜTENFORM

Pro Port.: 1869 kJ/447 kcal • Chol.: 170 mg
F: 9 g • E: 21 g • KH: 68 g • Ballastst.: 3 g

reicht für 2 (16 Stück)   dauert 25 Minuten
     gart 35 Minuten

150 g japanischer Klebreis • 1 kleines Stück getrockneter Seetang (Nori) • 1 1/2 EL Reisessig (oder milder Apfelessig) • 1 TL Zucker • 1/2 TL Salz • 1 Ei (Größe S) • 6 EL Sojasauce • 1 TL Öl • 1 kleines Stück Gurke • 1/2 kleine Möhre • 1 kleines Stück Rettich • einige Blätter Endiviensalat oder Sauerampfer • 2–3 geschälte Riesengarnelen (roh oder gekocht) • 1 EL Limettensaft • 4 Blätter getrockneter gerösteter Seetang (Nori) • 1–2 TL Wasabi (grüner Meerrettich)

1 Den Reis kalt abspülen und abtropfen lassen. Mit 240 Milliliter Wasser und Seetang langsam aufkochen, 2 Minuten sprudelnd kochen lassen, den Seetang entfernen, die Hitze stark reduzieren und den Reis zugedeckt etwa 20 Minuten quellen lassen, dabei ab und zu leicht umrühren. Die Hitze ausschalten, ein sauberes Küchentuch zwischen Topf und Deckel legen und den Reis in weiteren 10 Minuten ausquellen lassen.

2 Reisessig mit Zucker und Salz leicht erwärmen und verrühren, bis sich der Zucker aufgelöst hat.

3 Reis in eine Schüssel umfüllen und sofort mit der Essigmischung vermengen. Auf Körpertemperatur abkühlen lassen. Mit einem feuchten Tuch abdecken, damit er nicht zu trocken wird.

4 Das Ei mit 1 TL Sojasauce verquirlen. Das Öl in einer kleinen beschichteten Pfanne erhitzen und das Ei darin zu einem Omelett backen. Abkühlen lassen und in schmale Streifen schneiden.

5 Gurke, Möhre und Rettich waschen, schälen, putzen und in feine, dünne Streifen schneiden. Die Möhre zudem nach Belieben in wenig kochendem Wasser knapp bissfest garen. Die Salatblätter oder den Sauerampfer waschen, trockenschütteln und in kleine Stücke zupfen.

6 Die Garnelen kalt abbrausen, abtrocknen, am Rücken aufschlitzen und den Darm entfernen. Die Garnelen längs halbieren und einmal quer durchschneiden. Mit Limettensaft beträufeln.

7 Die Noriblätter mit einer Schere vierteln. Wasabi sowie die restliche Sojasauce in Schälchen bereitstellen. Jedes Noriblatt so auf die linke Handfläche legen, dass eine Spitze nach unten zeigt. 1 bis 1 1/2 Teelöffel Sushireis, Salatstücke, Omelettstreifen, Gemüse und Garnelen darauf geben. Mit wenig (!) Wasabi würzen. Das Noriblatt zur Tüte (wie eine Eistüte) zusammenrollen, dabei das obere Ende des Blatts mit 1 oder 2 Reiskörnern »festkleben«. Alle Tüten auf einer großen Platte anrichten.

8 Am Tisch nimmt sich jeder eine Noritüte und dipt sie in die bereitgestellte Sojasauce.

In Tütenform sind Sushi wesentlich einfacher zubereitet als die klassischen Röllchen, aber nicht weniger köstlich.

Fondue auf japanisch: Das Shabu Shabu ist prima für einen gemütlichen Abend mit Freunden.

TIPP

Diese japanische Form des Feuertopfs kann natürlich auch in der Küche zubereitet werden. Garen Sie die Zutaten nur 1 bis 2 Minuten lang in der heißen Brühe, und richten Sie alles auf einer vorgeheizten Platte an.

SHABU SHABU

**Pro Port.: 1793 kJ/429 kcal • Chol.: 88 mg
F: 9 g • E: 42 g • KH: 45 g • Ballastst.: 9 g**

reicht für 2   dauert 30 Minuten

250 g Rinderfilet • 100 g Tofu • 3 zarte Frühlingszwiebeln • 1 kleine Möhre • 70 g Brunnenkresse • 250 g Chinakohl • 60 g Shiitakepilze • 100 g japanische Weizennudeln • 1 Stück Kombu (See-algen) oder Nori (Seetang)

1 Das Rinderfilet kalt abwaschen, mit Küchen-papier trockentupfen und in hauchdünne Schei-ben schneiden. Den Tofu klein schneiden.

2 Das Gemüse waschen und putzen. Die Früh-lingszwiebeln in feine Streifen schneiden. Die Möhre schälen, längs fünfmal einkerben und in dünne Scheiben schneiden; so sehen die Schei-ben wie Blumen aus. Die Brunnenkresse verle-sen. Den Chinakohl in 1 bis 2 Zentimeter breite Streifen schneiden.

3 Die Shiitakepilze waschen oder mit einem feuchten Tuch abreiben, die Stiele entfernen und die Hüte in Streifen schneiden.

4 Alle vorbereiteten Zutaten auf einer Platte oder auf zwei Tellern anrichten. Die Nudeln ebenfalls bereitstellen.

5 Etwa 2 Liter Wasser in einem Topf aufkochen. Das Algenstück einlegen, 10 Minuten leise kochen lassen und entfernen. Den Sud in einen Feuertopf gießen und auf einem Rechaud leise am Kochen halten.

6 Am Tisch gibt jeder mit seinen Stäbchen die gewünschten Zutaten in die Brühe. Wieder her-ausgefischt werden sie mit den Stäbchen oder, was einfacher gelingt, mit kleinen speziellen Feuertopfsiebchen.

SUKI YAKI

**Pro Port.: 1770 kJ/422 kcal • Chol.: 199 mg
F: 12 g • E: 38 g • KH: 40 g • Ballastst.: 6 g**

reicht für 2   dauert 30 Minuten

40 g Glasnudeln • 1/8 l Fleischbrühe • 5 EL Sojasauce • 5 EL Reiswein • frisch gemahlener weißer Pfeffer • 200 g Rinderfilet • 100 g Tofu • 1 Bund zarte Frühlingszwiebeln • 200 g Shiitakepilze • 2 kleine Möhren • Sojaöl im Sprühfläschchen • 1 TL Zucker • 1 Ei

1 Die Glasnudeln mit heißem Wasser übergießen und quellen lassen. Die Brühe mit Sojasauce und Reiswein verrühren und mit Pfeffer würzen.

2 Das Filet abwaschen, trockentupfen und in hauchdünne Scheiben schneiden. Tofu würfeln.

Beim Sukiyaki naschen alle aus einer großen Pfanne – so macht Essen Spaß.

3 Die Frühlingszwiebeln waschen, putzen und schräg in schmale Ringe schneiden. Die Shiitakepilze waschen oder mit einem feuchten Tuch abreiben, die Stiele entfernen und die Pilzhüte in breite Streifen schneiden. Möhren waschen, schälen und in dünne Scheiben schneiden.

4 Etwas Öl in eine beschichtete Pfanne sprühen, schwach erhitzen und den Zucker darin unter Rühren leicht karamellisieren lassen. Die Pfanne vom Herd nehmen und sofort die angerührte Brühe angießen – Vorsicht, es kann spritzen! Fleisch, Tofu, Frühlingszwiebeln, Pilze und Möhren nebeneinander in die Pfanne legen. Die Glasnudeln abtropfen lassen, mit einer Schere klein schneiden und dazugeben. Die Zutaten nicht vermischen.

5 Das Ei verquirlen und auf zwei Schälchen aufteilen. Die Pfanne auf einem Rechaud auf den Tisch stellen. Jeder nimmt Zutaten nach Wunsch mit zwei Stäbchen aus der Pfanne und tunkt diese vor dem Genuss in das verquirlte Ei.

TIPP

Fleisch lässt sich hauchdünn schneiden, wenn es vorher angefroren wird.

SÜSSSAURES SHANGHAI GEMÜSE

**Pro Port.: 712 kJ/170 kcal • Chol.: 0 mg
F: 2 g • E: 7 g • KH: 30 g • Ballastst.: 6 g**

reicht für 2 — dauert 30 Minuten

300 g gemischtes Gemüse (Porree, Möhren, Brokkoli, Maiskölbchen, Staudensellerie, Bohnenkeime, Zuckerschoten) • 50 g frische Shiitakepilze • 1 kleine Knoblauchzehe • 20 g Ingwer • 100 g Litchis • 2 TL Palmzucker oder brauner Zucker • 2 EL Sojasauce • 1 EL Reisessig • 1 EL Tomatenketchup • frisch gemahlener Pfeffer • 75 ml Gemüsebrühe • 1/2 TL Speisestärke • einige Tropfen Sojaöl im Sprühfläschchen

1 Gemüse und Pilze waschen, putzen, eventuell schälen und mundgerecht zerkleinern. Feste Sorten wie Möhren einige Minuten in kochendem Wasser vorgaren und abtropfen lassen.

2 Den Knoblauch abziehen, den Ingwer schälen und beides fein hacken. Die Litchis schälen und das Fruchtfleisch von den Kernen ablösen.

3 Den Palmzucker fein zerbröckeln und mit Sojasauce, Reisessig, Ketchup, Pfeffer, Brühe und der Speisestärke verquirlen.

4 Etwas Öl in den Wok sprühen, erhitzen und Ingwer und Knoblauch darin glasig werden lassen. Das Gemüse nach und nach darin unter Rühren mitbraten, dabei mit den festen Gemüsearten anfangen und mit den Bohnenkeimen aufhören.

5 Die Sauce noch einmal durchrühren und in den Wok gießen. Die Litchis dazugeben und alles unter Rühren noch 1 bis 2 Minuten leise kochen lassen. Dazu Reis servieren.

TIPP

Speisen, in denen Süßes und Saures kombiniert wird, sind klassisch für den Süden Chinas. Oft bereitet man eine Mischung aus Hähnchen- oder Schweinefleisch auf diese Art zu. Auch dieses Gemüsegericht können Sie durch das Untermischen von etwas Fleisch abwandeln. Dabei liefern 100 Gramm mageres Fleisch mindestens 100 Kilokalorien.

INDISCHES TANDOORI HUHN

**Pro Port.: 2182 kJ/522 kcal • Chol.: 269 mg
F: 5 g • E: 100 g • KH: 14 g • Ballastst.: 1 g**

reicht für 2   dauert 45 Minuten
mariniert 12 Stunden

2 Knoblauchzehen • 25 g Ingwer • 100 g fettarmer Joghurt • 1 EL Zitronensaft • 4 TL Tandoorigewürzpaste oder -pulver • 1 Hähnchenbrust mit Knochen • 2 Hähnchenschenkel • Salz • 1 TL gemahlener Kreuzkümmel • einige Zweige Koriandergrün

1 Die Knoblauchzehen abziehen, den Ingwer schälen und beides sehr fein hacken. Mit Joghurt, Zitronensaft und Tandoorigewürz zu einer Marinade verrühren.

2 Die Hähnchenteile unter fließendem kaltem Wasser abwaschen und häuten. Mit der Joghurtmarinade einreiben und zugedeckt etwa 12 Stunden in den Kühlschrank stellen.

3 Den Backofen auf 225 °C (Umluft 205 °C, Gas Stufe 4–5) vorheizen. Ein Backblech mit Backpapier auslegen und auf die zweite Schiene von unten in den Backofen schieben.

4 Die Hähnchenteile aus der Marinade nehmen, mit Küchenpapier trockentupfen und auf einen Rost in die Mitte des Backofens setzen. Das Fleisch 15 Minuten braten. Wenden, salzen und weitere 15 Minuten braten.

5 Die Hähnchenteile auf einer Platte anrichten und mit Kreuzkümmel würzen. Koriandergrün kalt abwaschen, trockenschütteln und auf dem Fleisch anrichten. Dazu Reis servieren.

Das süßsaure Shanghaigemüse ist nicht nur bei Vegetariern beliebt.

TIPP

Diese indische Spezialität können Sie gut vorbereiten, denn das Fleisch muss 12 Stunden marinieren. Im Rahmen einer Diät sollten Sie zuvor die Haut der Hähnchenteile entfernen, da sich dort das meiste Fett – und damit die Kalorien – befindet. Der Geschmack leidet nicht darunter.

CHINESISCHER FEUERTOPF

**Pro Port.: 2168 kJ/498 kcal • Chol.: 83 mg
F: 14 g • E: 49 g • KH: 51 g • Ballastst.: 3 g**

reicht für 2   dauert 40 Minuten

für die Gurkensauce
**100 g Salatgurke • 1 Knoblauchzehe •
20 g Ingwer • 1 kleine rote Chilischote •
2 TL Sesamöl • 2 EL Austernsauce**
für den Feuertopf
**75 g schmale Reisbandnudeln • 250 g
Hähnchenbrustfilet • 2 zarte Möhren •
1 kleiner Paksoi • 2 l Hühnerbrühe • 20 g
Ingwer**

1 Für die Sauce die Gurke schälen und fein raspeln. Knoblauchzehe abziehen, Ingwer schälen, Chilischote waschen und putzen und alles sehr fein hacken. Das Sesamöl schwach erhitzen und Ingwer, Knoblauch und Chili darin unter Rühren anbraten. Die Gurkenraspel dazugeben und die Austernsauce einrühren. Die Sauce in ein Schälchen füllen und abkühlen lassen.

2 Inzwischen die Reisbandnudeln mit heißem Wasser übergießen und quellen lassen.

3 Das Fleisch kalt abwaschen, mit Küchenpapier trockentupfen, Sehnen und Fett entfernen und in hauchdünne Scheiben schneiden.

4 Die Möhren waschen, schälen und in ganz dünne Scheiben schneiden. Paksoi waschen, putzen und in schmale Streifen schneiden.

5 Die Glasnudeln abtropfen lassen, eventuell mit einer Schere klein schneiden. Alle Zutaten dekorativ auf zwei Tellern oder einer Platte anrichten.

6 Die Brühe aufkochen, in einen Feuertopf gießen und auf einem Rechaud heiß halten. Ingwer schälen, in dünne Scheiben schneiden und in die Brühe geben. Alles auf den Tisch stellen – dort hält jeder die gewünschten Zutaten mit speziellen Feuertopfsiebchen in die heiße Brühe und gart sie auf diese Art. Die Sauce dazu reichen.

KOREANISCHER FEUERTOPF

**Pro Port.: 1371 kJ/327 kcal • Chol.: 206 mg
F: 10 g • E: 41 g • KH: 14 g • Ballastst.: 6 g**

reicht für 2   dauert 30 Minuten

**10 g getrocknete Tongupilze • 100 g
Rinderfilet • 1 Knoblauchzehe • 1 Prise
Zucker • 5 EL Sojasauce • 4 EL Reiswein
• 1 Hand voll Koriandergrün • 1/2 TL
Speisestärke • frisch gemahlener Pfeffer • 50 g Tatar • 60 g geschälte Garnelen • 125 g Fischfilet • 1 Ei (Größe S) •
Sojaöl im Sprühfläschchen • je 100 g
Möhren, Rettich, Frühlingszwiebeln und
Salatgurke • 2 l Rinderbrühe**

1 Pilze in heißem Wasser quellen lassen. Filet in hauchdünne Scheiben schneiden und auf einem Teller ausbreiten. Knoblauch abziehen und fein würfeln. Knoblauch, Zucker und je 1 1/2 Esslöffel Sojasauce und Reiswein verrühren. Fleisch mit der Marinade beträufeln, zugedeckt kühlen.

2 Koriander waschen und trockenschütteln. Die Hälfte fein schneiden, mit Stärke, je 1/2 Esslöffel Sojasauce und Reiswein, Pfeffer und Tatar vermengen. Aus der Masse kleine Bällchen formen.

3 Garnelen und Fisch abwaschen. Fisch in dünne Scheiben schneiden. Ei mit 1 Teelöffel Sojasauce und Pfeffer verquirlen. In wenig Öl zum Omelett backen. Abgekühlt stückeln.

4 Das Gemüse waschen, putzen und in kleine Stücke schneiden. Pilze abtropfen lassen und eventuell klein schneiden, dabei die Stiele entfernen. Alle Zutaten auf Tellern anrichten und mit dem restlichen Koriandergrün bestreuen.

5 Die Brühe aufkochen, mit restlicher Sojasauce und restlichem Reiswein würzen. In den Feuertopf gießen und am Tisch leise kochen lassen. Jeder gart darin seine Zutaten selbst.

Fondue einmal auf koreanisch, mit feinen Fleischbällchen, Fisch und Gemüse.

Currygeri

Sämig und wunderbar saftig

Curry – darunter verstehen wir meist das goldgelbe Gewürzpulver, das vielen asiatischen Gerichten Farbe und Aroma verleiht. In seiner indischen Heimat hingegen ist Curry ein saucenreiches Gericht aus Gemüse, Fleisch oder Fisch, bei dem mit Gewürzen verschwenderisch umgegangen wird. Mal kommt es mild-würzig daher, dann wieder ungemein pikant und scharf. Übrigens: Das Wort »Curry« entstand aus »Kari«, dem Ausdruck der Tamilen für Sauce.

chte

LINSEN
CURRY MIT
PAPRIKA

**Pro Port.: 1467 kJ/351 kcal • Chol.: 17 mg
F: 7 g • E: 20 g • KH: 51 g • Ballastst.: 13 g**

reicht für 2   dauert 30 Minuten

150 g weiße oder gelbe Linsen (siehe Tipp) • Salz • frisch gemahlener Pfeffer • 1 Bund Frühlingszwiebeln • 2 Knoblauchzehen • 2 rote Chilischoten • 1 große rote Paprikaschote • 2 TL Ghee oder Butterschmalz • 1–2 TL gelbe Currypaste • 1 TL gemahlene Kurkuma • 4 Zweige Koriandergrün

1 Linsen verlesen und waschen. Mit 350 Milliliter kaltem Wasser aufkochen, mit Salz und Pfeffer würzen und zugedeckt etwa 10 Minuten bei schwacher Hitze kochen.

2 Inzwischen die Frühlingszwiebeln waschen, putzen und schräg in dünne Ringe schneiden. Den Knoblauch abziehen und fein hacken. Die Chilischoten waschen, Stielansätze abschneiden, die Kerne herauskratzen und das Fruchtfleisch in dünne Ringe schneiden.

3 Die Paprikaschote waschen, längs halbieren, Stielansatz, Kerne und Trennwände entfernen und das Fruchtfleisch in ganz feine Streifen schneiden.

4 Ghee oder Butterschmalz in einem Topf oder Wok erhitzen, Frühlingszwiebeln, Knoblauch, Chiliringe und Paprikastreifen darin unter Rühren etwa 2 Minuten braten.

5 Currypaste und Kurkuma einrühren. Die gekochten Linsen mit ihrer Flüssigkeit einrühren, kurz erhitzen, salzen und pfeffern.

6 Das Koriandergrün waschen, trockenschütteln, grob hacken und über das Curry streuen.

Mit dem Begriff »Dal« bezeichnet man in Indien verschiedene Hülsenfrüchte wie Linsen und Bohnen. Sie sind dort wichtige Grundnahrungsmittel und mit ihrem hohen Gehalt an wertvollem Eiweiß eine gute Alternative für das meist unerschwingliche Fleisch. Bei uns ist der Fleischkonsum oft viel zu hoch; Gerichte mit Dal bieten da eine geschmacksintensive Abwechslung.

TIPP

Kartoffeln vermuten wir kaum in den asiatischen Küchen, und natürlich sind sie dort weit weniger bedeutend als Reis oder Nudeln. In Indien aber sind die Knollen durchaus beliebt. Dass sie keine Dickmacher sind, sondern dank ihrer Ballaststoffe lange sättigend wirken, hat sich längst herumgesprochen. Zusätzliches Plus: Durch ihren hohen Gehalt an Kalium wirken sie entwässernd und helfen so beim Abnehmen.

TIPP

BENGALISCHES
KARTOFFEL
CURRY

**Pro Port.: 1538 kJ/367 kcal • Chol.: 21 mg
F: 12 g • E: 11 g • KH: 49 g • Ballastst.: 8 g**

reicht für 2　　　　　　　dauert 45 Minuten

500 g fest kochende Kartoffeln • 2 TL Ghee oder Butterschmalz • 2 feste Tomaten • 2 Frühlingszwiebeln • 1 Knoblauchzehe • 20 g Ingwer • 1 grüne Chilischote • 1 EL Garam Masala • 1 TL Mehl • 150 g Joghurt • 100 ml Gemüsebrühe • 1–2 EL Tamarindensauce • Salz • 2 TL schwarze Sesamsamen

1 Kartoffeln waschen, schälen und in Würfel schneiden. Ghee oder Butterschmalz erhitzen und die Kartoffeln unter gelegentlichem Rühren etwa 20 Minuten bei mittlerer Hitze braten.

2 Die Tomaten überbrühen, häuten und ohne die Stielansätze klein würfeln. Die Frühlingszwiebeln waschen, putzen, in dünne Ringe schneiden und das Grün beiseite legen.

3 Den Knoblauch abziehen, Ingwer schälen, Chilischote waschen, putzen und alles hacken. Zusammen mit den Frühlingszwiebeln zu den Kartoffeln geben und kurz mitbraten. Garam Masala unterrühren. Mehl mit Joghurt und Brühe glatt rühren. Den angerührten Joghurt und die Tomaten zu den Kartoffeln geben. Alles bei schwacher Hitze noch 10 Minuten garen.

4 Die Kartoffeln mit Tamarindensauce und Salz würzen. Mit den Frühlingszwiebelringen und den Sesamsamen bestreuen.

Die scharfen Currypasten wurden früher von den indischen Hausfrauen stets frisch aus einer Vielzahl an Gewürzen zubereitet.

KICHERERBSEN CURRY

**Pro Port.: 1127 kJ/269 kcal • Chol.: 17 mg
F: 9 g • E: 12 g • KH: 32 g • Ballastst.: 10 g**

reicht für 2   dauert 30 Minuten

1 Dose Kichererbsen (240 g Abtropfgewicht) • 2 große Zwiebeln • 30 g Ingwer • 1 Knoblauchzehe • 1 grüne Chilischote • 4 große Tomaten • 2 TL Ghee oder Butterschmalz • 1/2 TL gemahlene Kurkuma • 1 TL gemahlener Koriander • 1 TL Garam Masala • 1 EL Zitronensaft
außerdem
1 Hand voll Koriandergrün

1 Die Kichererbsen in einem Sieb abtropfen lassen und die Flüssigkeit auffangen.

2 Die Zwiebeln abziehen und würfeln. Den Ingwer schälen, die Knoblauchzehe abziehen und beides fein hacken. Die Chilischote waschen, Stielansatz und Kerne entfernen und das Fruchtfleisch fein hacken.

3 Die Tomaten überbrühen, häuten, Stielansätze und Samen entfernen und das Fruchtfleisch grob hacken.

4 Ghee oder Butterschmalz in einem Topf schwach erhitzen. Zwiebeln, Ingwer, Knoblauch, Chiliwürfel und Kurkuma darin leicht anbraten, bis die Zwiebeln weich sind.

5 Nacheinander Tomaten, Kichererbsen, gemahlenen Koriander und Garam Masala einrühren und alles bei mittlerer Hitze 10 Minuten leise kochen lassen.

6 Die Flüssigkeit der Kichererbsen dazugeben und weitere 10 Minuten mitkochen lassen.

7 Das Curry mit Zitronensaft würzen. Das Koriandergrün waschen, trockenschütteln, hacken und über das Curry streuen.

CURRY MIT LAMMFILET

**Pro Port.: 954 kJ/228 kcal • Chol.: 54 mg
F: 9 g • E: 22 g • KH: 12 g • Ballastst.: 8 g**

reicht für 2   dauert 45 Minuten

250 g Okraschoten • Salz • Essig • 20 g Ingwer • 1 Knoblauchzehe • 1 kleine grüne Chilischote • 2–3 TL grüne Currypaste • frisch gemahlener Pfeffer • 250 g Lammfilet • 2 Zwiebeln • 2 TL Sojaöl • 1/8 l Fleischbrühe • 150 g fettarmer Joghurt • 1 TL Speisestärke • etwas frisches Koriandergrün

1 Die Okraschoten waschen, den zarten Flaum abreiben, Spitzen und Stielansätze so vorsichtig abschneiden, dass kein Milchsaft austritt. Die Schoten in leicht gesalzenem Wasser mit einem Schuss Essig 5 Minuten vorgaren und in einem Sieb abtropfen lassen.

2 Ingwer schälen, Knoblauch abziehen, die Chilischote putzen und alles fein hacken. Mit Currypaste, Salz und Pfeffer würzen. Das Lammfilet in große Würfel schneiden. Die Zwiebeln abziehen und grob würfeln.

3 Das Öl im Wok erhitzen und nach und nach das Fleisch und die Zwiebeln darin anbraten. Die Okraschoten und die Currymischung dazugeben und kurz mitbraten. Die Brühe angießen.

4 Den Joghurt mit der Speisestärke verquirlen, einrühren und alles noch 3 bis 4 Minuten unter Rühren garen. Das Koriandergrün waschen, trockenschütteln, grob hacken und aufstreuen.

Das scharfe Curry mit Lammfilet enthält auch Okraschoten, in denen mehr Kalzium steckt als in den meisten anderen Gemüsearten – ein großes Plus im Rahmen der Asia-Diät, bei der wenig Milch und Milchprodukte verwendet werden.

INDISCHES BLUMEN KOHLCURRY

**Pro Port.: 1035 kJ/248 kcal • Chol.: 21 mg
F: 8 g • E: 8 g • KH: 28 g • Ballastst.: 14 g**

reicht für 2   dauert 40 Minuten

**1 Zwiebel • 1 Knoblauchzehe • 1 kleine
rote Paprikaschote • 1 kleiner Blumenkohl (500 g) • 2 TL Ghee oder Butterschmalz • 2 TL grüne Currypaste • 1 TL
gemahlene Kurkuma** • 1/4 l **Gemüsebrühe** • **2 EL Rosinen** • 100 g **Tiefkühl-
Erbsen** • **Salz** • 150 g **fettarmer Joghurt**
• **1 TL Speisestärke**
außerdem
4–6 Zweige Koriandergrün

1 Zwiebel und Knoblauch abziehen und fein
hacken. Die Paprikaschote waschen, putzen und
das Fruchtfleisch in feine Streifen schneiden.
Den Blumenkohl waschen, putzen und in kleine
Röschen zerteilen.

2 Ghee oder Butterschmalz im Wok erhitzen
und Zwiebel und Knoblauch anbraten. Paprika
kurz mitbraten. Currypaste, Kurkuma und Blumenkohl einrühren und kurz mitanschwitzen.

3 Die Brühe angießen, die Rosinen, die Erbsen
und etwas Salz dazugeben. Alles aufkochen und
zugedeckt bei schwacher Hitze gut 10 Minuten
leise kochen lassen, bis der Blumenkohl bissfest
ist. Eventuell etwas Wasser angießen, wenn zu
viel Flüssigkeit verdampft.

4 Joghurt mit Stärke verquirlen und unter den
Blumenkohl rühren. Noch 2 Minuten erhitzen.
Koriander waschen, trockenschütteln, hacken
und über das Curry streuen.

*Als Beilage zum Curry am besten Reis ser-
vieren – 50 Gramm roher Reis liefern gerade mal etwa 170 Kilokalorien.*

JOGHURT GEMÜSE AUS PATNA

**Pro Port.: 994 kJ/237 kcal • Chol.: 4 mg
F: 6 g • E: 10 g • KH: 33 g • Ballastst.: 8 g**

reicht für 2   dauert 25 Minuten
                     gart 30 Minuten

1 Knoblauchzehe • 1 Zwiebel • 1 Chilischote • 30 g Ingwer • 1 kleine Aubergine • 150 g Zucchini • 250 g Kartoffeln • 150 g fettarmer Joghurt • 1/8 l Gemüsebrühe • 2 TL Mehl • 1 EL gemahlene Mandeln • 1 EL Tomatenmark • einige Tropfen Sojaöl im Sprühfläschchen • 1–2 TL Garam Masala • 1 TL gemahlener Kreuzkümmel • 1/2 TL Kurkuma • Salz • 1/2 Hand voll Koriandergrün

1 Knoblauch und Zwiebel abziehen und fein hacken. Die Chilischote waschen, putzen und das Fruchtfleisch klein schneiden. Den Ingwer schälen und fein hacken. Alles vermischen.

2 Aubergine und Zucchini waschen und putzen, Kartoffeln waschen und schälen. Alles in 2 bis 3 Zentimeter große Würfel schneiden. Den Joghurt mit der Brühe, dem Mehl, den Mandeln und dem Tomatenmark glatt rühren.

3 Etwas Öl in einen Topf oder in eine schwere Pfanne sprühen, schwach erhitzen und die Zwiebelmischung darin unter Rühren 1 Minute anbraten. Garam Masala, Kreuzkümmel und Kurkuma dazugeben und alles kurz mitbraten. Die Joghurtmischung unterrühren.

4 Gemüse und Kartoffeln untermischen und zugedeckt bei schwacher Hitze etwa 30 Minuten leise kochen lassen. Umrühren und salzen.

5 Das Koriandergrün waschen, trockenschütteln, grob hacken und über das Curry streuen. Dazu Reis servieren – 50 Gramm liefern etwa 170 Kilokalorien.

Joghurt mildert die Schärfe vieler Currygerichte auf schmackhafte und zugleich gesunde Art. Vor allem ist er ein besonders guter Aktivstoff für den Darm – er regt ihn an und unterstützt ihn bei seiner Arbeit.

TIPP

Ganz nach persönlichem Geschmack können Sie für das Joghurtgemüse auch andere Gemüsemischungen verwenden.

GEMÜSE-GARNELEN
CURRY
IN KOKOSMILCH

reicht für 2   dauert 30 Minuten

100 g grüne Bohnen • 2 Möhren • **1 Bund
zarte Frühlingszwiebeln** • 200 g Blumenkohl • **1 Knoblauchzehe** • 20 g Ingwer • **1–2 TL grüne Currypaste** • 2 EL
Hoisinsauce oder süße Sojasauce • 1/8 l
Gemüsebrühe • 3 EL Kokosnusspulver •
1 TL Palmzucker oder brauner Zucker •
einige Tropfen Sojaöl im Sprühfläschchen • **150 g große geschälte Garnelen**
außerdem
5 Zitronenblätter

1 Das Gemüse waschen und putzen. Die Bohnen halbieren oder dritteln. Die Möhren schälen
und in feine Stifte schneiden. Die Frühlingszwiebeln längs halbieren und in 5 Zentimeter lange
Stücke schneiden. Den Blumenkohl in kleine
Röschen teilen.

2 Den Knoblauch abziehen, den Ingwer schälen
und beides fein hacken.

3 Die Currypaste mit Hoisin- oder Sojasauce,
Brühe, Kokosnusspulver und Zucker verrühren.

4 Etwas Öl im Wok erhitzen und Knoblauch und
Ingwer darin ganz kurz anbraten. Die Bohnen,
die Möhren und den Blumenkohl dazugeben
und alles unter Rühren etwa 2 Minuten braten.
Die Frühlingszwiebeln untermengen und noch
etwa 2 Minuten mitbraten.

5 Die Currysauce angießen und die Garnelen
untermischen. Alles unter Rühren noch etwa
3 Minuten garen. Die Zitronenblätter waschen,
in feine Streifen schneiden und auf das fertige
Curry streuen. Als Beilage Reis servieren.

*Exotischer Genuss pur: Buntes Gemüse
tummelt sich mit Garnelen in einer feinen
Kokossauce.*

Das Kokosmilchcurry bietet ein raffiniertes Geschmackserlebnis. Allerdings sollten Sie die Currypaste lieber erst einmal sparsam dosieren – sie ist sehr scharf und nicht mit dem sonst bei uns gewohnten Currypulver vergleichbar. Verschiedenes kurz gegartes Gemüse liefert reichlich Vitamine, Mineralien und sekundäre Pflanzenstoffe, die Garnelen versorgen Sie mit leicht verdaulichem Eiweiß und dem wichtigen Mineralstoff Jod.

THAILÄNDISCHES HÄHNCHEN CURRY

**Pro Port.: 1117 kJ/267 kcal • Chol.: 83 mg
F: 6 g • E: 39 g • KH: 11 g • Ballastst.: 4 g**

reicht für 2

dauert 40 Minuten
mariniert 2 Stunden

**20 g Galgant oder Ingwer • 3 kleine rote Chilischoten • 2 Knoblauchzehen • 1 kleine Zwiebel • 1 Prise Macis (Muskatblüte) • 1 TL gemahlener Kreuzkümmel • 1 TL gemahlener Koriander • 2 EL Fischsauce • 200 ml Hühnerbrühe • 250 g Hähnchenbrustfilet • 250 g Sojabohnenkeime • einige Tropfen Sojaöl im Sprühfläschchen • 3 EL Kokosnusspulver • Salz
außerdem
8 Zweige Koriandergrün**

1 Galgant oder Ingwer schälen, die Chilischoten waschen, putzen und entkernen. Knoblauch und Zwiebel abziehen. Alles zusammen mit Macis, Kreuzkümmel, Koriander, Fischsauce und 4 Esslöffel Hühnerbrühe im Mixer zu einer geschmeidigen Paste verarbeiten.

2 Das Hähnchenbrustfilet unter fließendem kaltem Wasser waschen, trockentupfen und in 6 bis 8 große Stücke schneiden. Das Fleisch in der Gewürzpaste wenden und zugedeckt mindestens 2 Stunden in den Kühlschrank stellen.

3 Die Sojabohnenkeime in einem Sieb kalt abbrausen und abtropfen lassen.

4 Öl im Wok erhitzen und die Hähnchenstücke darin rundherum scharf anbraten. Die übrige Brühe angießen und die Sojabohnenkeime dazugeben. Das Kokosnusspulver einrühren und alles bei schwacher Hitze etwa 10 Minuten leise kochen lassen. Zwischendurch die Hähnchenstücke wenden, damit sie gleichmäßig gar werden. Nur nach Bedarf leicht salzen.

5 Das Koriandergrün waschen, trockenschütteln und grob hacken. Ein Teil davon unter das Curry rühren und den Rest darüber streuen.

TIPPS

▶ Servieren Sie Duftreis oder anderen Reis dazu. Pro Person können Sie 50 Gramm rohen Reis zubereiten; das bedeutet etwa 170 Kilokalorien pro Person zusätzlich.

▶ Traditionell bereiten Hausfrauen in Asien ihr Curry stets frisch zu, und für jedes Gericht verwenden sie eine andere Kombination der verschiedensten Gewürze. Heute wird aber auch in Asien oft auf fertige Currymischungen zurückgegriffen und dadurch die Zubereitungszeit deutlich verkürzt. Wenn auch Sie Currypulver verwenden, sollten Sie unbedingt frische Zwiebeln, Knoblauch und Galgant oder Ingwer zufügen.

▶ Galgant ist eine dem Ingwer ähnliche Wurzel, würzt jedoch milder und säuerlicher als diese. Verwenden Sie stets frischen Galgant, die getrocknete und gemahlene Wurzel, als »Laos« im Handel, schmeckt weit weniger fein. Lieber auf Ingwer ausweichen als auf Laos zurückzugreifen.

SCHARFES FISCH CURRY

**Pro Port.: 1476 kJ/352 kcal • Chol.: 90 mg
F: 7 g • E: 38 g • KH: 32 g • Ballastst.: 6 g**

reicht für 2   dauert 40 Minuten

**2 kleine rote Chilischoten • 2 Knob-
lauchzehen • 1 TL Garam Masala •
1/2 TL gemahlener Kreuzkümmel •
1/2 TL gemahlener Koriander • 3 EL
Tamarindensauce • 300 g festes Mee-
resfischfilet (z. B. Kabeljau) • 1 Bund
Frühlingszwiebeln • 30 g feste Kokosnusscreme am Stück • 1 Dose Maiskölbchen (280 g Abtropfgewicht) • einige
Tropfen Sojaöl im Sprühfläschchen •
2–4 EL Sojasauce
außerdem
4 Zitronenblätter • 4 Zweige Thai-Basilikum oder Minze**

*Wer würde jetzt nicht gern eine kleine
Bootstour in Thailand machen? Für zusätzliches Fernweh sorgt das scharfe Fischcurry.*

1 Die Chilischoten waschen, putzen und das Fruchtfleisch sehr fein hacken. Den Knoblauch abziehen und fein hacken. Beides mit Garam Masala, Kreuzkümmel, Koriander und Tamarindensauce vermischen.

2 Fischfilet kalt abwaschen, trockentupfen, grob würfeln und in der Gewürzmischung wenden.

3 Die Frühlingszwiebeln waschen, putzen und schräg in Ringe schneiden. Die Kokosnusscreme klein schneiden oder raspeln, in 150 Milliliter Wasser erwärmen und dadurch auflösen. Die Maiskölbchen abtropfen lassen.

4 Öl in den Wok sprühen, erhitzen und die Frühlingszwiebeln darin bei mittlerer Hitze leicht anbraten.

5 Den Fisch und die Maiskölbchen unter die Frühlingszwiebeln mischen. Die Kokosmilch angießen und alles bei schwacher Hitze 3 bis 4 Minuten garen, dabei nur vorsichtig umrühren, damit der Fisch nicht zerfällt.

6 Das Curry mit Sojasauce würzen. Die Zitronenblätter waschen und in feine Streifen schneiden. Das Thai-Basilikum oder die Minze waschen und hacken. Beides über das Curry streuen. Dazu Reis servieren.

Mais wird in vielen asiatischen Ländern verwendet – mal als einzelne Körner, mal in Form der kleinen zarten Maiskölbchen. Diese können Sie auch bei uns in Dosen kaufen, manchmal sogar frisch. Bei Dosen darauf achten, dass Sie nicht zu süßsauer eingelegtem Mais greifen.

Drinks &

Verführung durch viel frisches Aroma

Leichte Erfrischungen in flüssiger oder fester Form sind in Asien sehr beliebt. Kühle Drinks, die den Durst löschen und den Flüssigkeitsbedarf auf köstliche Art decken. Saftige Desserts, bei denen frische Früchte im Mittelpunkt stehen. Ob Ananas, Mango oder Papaya, Joghurt oder Gurke – genießen Sie Kalorienarmes und zugleich Vitaminreiches.

Desserts

MELONEN
TRUNK

Pro Port.: 616 kJ/147 kcal • Chol.: 0 mg
F: 1 g • E: 3 g • KH: 29 g • Ballastst.: 2 g

reicht für 2   dauert 20 Minuten

400 g Wassermelone (ohne Schale gewogen) • 1 Limette • 1 Orange oder 1 Grapefruit • nach Belieben 3–4 Tropfen Bittermandelaroma
außerdem
zerstoßenes Eis oder Eiswürfel

1 Das Fruchtfleisch der Wassermelone von den Kernen befreien. In einem Mixer fein pürieren.

2 Den Saft der Limette und der Orange oder der Grapefruit auspressen und unter das Melonenpüree mischen.

3 Das Melonenpüree nach Belieben mit Bittermandelaroma würzen.

4 Zerstoßenes Eis oder Eiswürfel in zwei hohe Gläser füllen und den Melonentrunk darüber gießen. Sofort servieren.

Wassermelone ist nicht nur bei uns als Durstlöscher an heißen Tagen beliebt – auch in Asien sorgt die rotfleischige Frucht für Erfrischung. Das Gute daran: Wassermelone besteht zum größten Teil aus Wasser. Sie enthält nur wenig Kalorien, liefert aber dennoch wertvolle Vitamine und Mineralstoffe. Ideal also, wenn die Pfunde schmelzen sollen.

JOGHURT
DRINK

Pro Port.: 283 kJ/68 kcal • Chol.: 7 mg
F: 2 g • E: 5 g • KH: 7 g • Ballastst.: 0 g

reicht für 2   dauert 10 Minuten

250 g fettarmer Joghurt • Salz • 1 Prise gemahlener Kreuzkümmel • 2 Zweige Minze • 1 TL Tamarindensauce oder Limettensaft
außerdem
zerstoßenes Eis • 2 Zweige Minze

1 Den Joghurt zusammen mit 1/8 Liter eiskaltem Wasser, Salz und Kreuzkümmel im Mixer schaumig schlagen.

2 Die Minze waschen, trockenschütteln, fein hacken und unter den Joghurtdrink mixen. Mit Tamarindensauce oder Limettensaft würzen.

3 Zerstoßenes Eis in zwei hohe Gläser füllen und den Joghurtdrink darüber gießen. Mit je 1 Minzezweig garnieren.

Joghurtdrinks wie dieser sind in Indien sehr beliebt und heißen in ihrer Heimat »Lassi«. Neben verschiedenen pikanten gibt es auch süße Versionen. Dafür den Joghurt mit eiskaltem Wasser und 1 bis 2 Esslöffel Zucker schaumig schlagen. Manchmal werden auch zuerst Früchte wie Ananas, Banane oder Mango püriert und dann mit Joghurt und Eiswasser aufgeschlagen.

GEMÜSE
SAFT

Pro Port.: 215 kJ/52 kcal • Chol.: 0 mg
F: 0 g • E: 3 g • KH: 8 g • Ballastst.: 1 g

reicht für 2   dauert 5 Minuten

1/4 l Möhrensaft • 200 ml Tomatensaft
• **2 EL helle Sojasauce** • 1 Messerspitze
gehackter Ingwer • **1 Messerspitze
Sambal Oelek** • 4 Halme Schnittknoblauch

1 In einem Krug Möhren- und Tomatensaft miteinander verquirlen.

2 Sojasauce, Ingwer und Sambal Oelek unter
den Saft rühren.

3 Den Schnittknoblauch waschen, trockenschütteln und in feine Röllchen schneiden.

4 Den Saft in zwei hohe Gläser gießen und mit
den Schnittknoblauchröllchen bestreuen.

VARIANTE

Für einen ebenso feinen würzigen Möhrensaft
1/4 Teelöffel gehackten Ingwer mit 300 Milliliter
Möhrensaft, 125 Gramm Trinkjoghurt oder But-
termilch und 2 Esslöffel heller Sojasauce verrühren und mit Sambal Oelek oder Pfeffer würzen.

*Der Gemüsesaft liefert jede Menge Vitamine
und sekundäre Pflanzenstoffe – für Schön-
heit von innen.*

FRÜCHTE IN ANANASGELEE

**Pro Port.: 752 kJ/180 kcal • Chol.: 0 mg
F: 0 g • E: 3 g • KH: 40 g • Ballastst.: 2 g**

reicht für 2   dauert 20 Minuten
                              geliert 3 Stunden

**150 g frische Litchis • 2 Scheiben frische
Ananas • 1/4 l ungesüßter Ananassaft •
3/4 TL Agar-Agar (aus dem Reformhaus)**

1 Die Litchis rundherum einritzen und von den harten dunklen Außenschalen befreien. Die Früchte halbieren und die Kerne entfernen.

2 Von den Ananasscheiben die Schale und den harten Mittelstrunk entfernen und das Fruchtfleisch in mundgerechte Stücke schneiden.

3 Die Litchis und die Ananasstücke in zwei Schälchen verteilen.

4 Von dem Ananassaft 2 Esslöffel in eine Tasse geben und das Agar-Agar darin auflösen. Den restlichen Ananassaft aufkochen. Das aufgelöste Agar-Agar einrühren und alles unter Rühren etwa 2 Minuten kochen lassen.

5 Den Saft über die Früchte träufeln. Das Dessert etwa 3 Stunden kalt stellen, bis der Saft geliert ist.

Frische Ananas und Gelatine vertragen einander nicht. Deshalb wird bei Desserts, die gelieren sollen, statt Gelatine das aus Algen gewonnene Agar-Agar verwendet. Dieses pflanzliche Geliermittel löst sich allerdings erst in kochender Flüssigkeit auf.

THAILÄNDISCHER OBSTSALAT

**Pro Port.: 528 kJ/126 kcal • Chol.: 0 mg
F: 4 g • E: 2 g • KH: 19 g • Ballastst.: 4 g**

reicht für 2   dauert 20 Minuten

**1 Scheibe Ananas • 1/2 Papaya • 100 g
Litchis • 1 EL Zucker • 1/4 TL Rosenwasser • 2 EL Mandelblättchen**

1 Von der Ananasscheibe die Schale und den harten Mittelstrunk entfernen und das Fruchtfleisch in kleine Stücke schneiden.

2 Die Papaya von den dunklen Kernen befreien, das Fruchtfleisch aus der Schale lösen und ebenfalls in kleine Stücke schneiden.

3 Die Litchis aus den Schalen lösen und den harten Kern aus der Mitte entfernen. Die weißlichen Früchte eventuell halbieren.

4 Alle Früchte mischen und zusammen auf Tellern oder einer Servierplatte anrichten.

5 Den Zucker mit 5 Esslöffel Wasser in einem kleinen Topf verrühren. Aufkochen lassen und bei starker Hitze 1 bis 2 Minuten einkochen lassen. Mit dem Rosenwasser aromatisieren.

6 Die Mandeln in einer kleinen beschichteten Pfanne ohne Zugabe von Fett goldbraun rösten.

7 Den Sirup über die Früchte träufeln und die Mandelblättchen aufstreuen.

Der thailändische Obstsalat ist ein leichter Nachtisch, schmeckt aber auch zwischendurch.

Papayas und Ananas enthalten eiweißspaltende Enzyme und kurbeln die Fettverdauung an. Zudem enthalten sie viel Magnesium und Vitamin C.

MANGO
MIT KOKOSREIS

**Pro Port.: 1128 kJ/270 kcal • Chol.: 0 mg
F: 4 g • E: 4 g • KH: 54 g • Ballastst.: 3 g**

reicht für 2   dauert 15 Minuten
               gart 25 Minuten

**75 g Klebreis • 30 g feste Kokosnuss-
creme • 1 EL Zucker • 1 kleine reife
Mango**

1 Den Klebreis in einem Sieb waschen und in
einem kleinen Topf knapp mit Wasser bedecken.
Aufkochen, die Hitze reduzieren und zugedeckt
bei schwacher Hitze in etwa 25 Minuten garen,
dabei eventuell etwas Wasser nachgießen.

2 In der Zwischenzeit die Kokoscreme reiben
oder fein würfeln und in ein Schälchen geben.
Mit 5 Esslöffel heißem Wasser und dem Zucker
glatt rühren.

3 Etwas Kokossaft unter den fertigen Reis rühren und diesen nach Geschmack lauwarm oder
vollständig abkühlen lassen.

4 Die Mango waschen, schälen und das Fruchtfleisch in Spalten vom Stein schneiden. Die
Mangospalten mit dem Reis anrichten und den
übrigen Kokossaft darüber gießen.

*Mit Klebreis können Sie für Kokosfans auch
ein fruchtiges Dessert zubereiten.*

TIPP

Mangos sind in vielen Ländern Asiens
beliebt. Unreif werden sie für pikante
Speisen verwendet, vollkommen aus-
gereift sind sie ein süßes und saftiges
Dessert. Sie sind besonders reich an
Karotin, dem für die Sehkraft unent-
behrlichen Provitamin A. Durch ihren
hohen Eisengehalt helfen sie zudem
bei der Blutbildung – gerade bei Diäten ein wichtiger Aspekt.

MELONE
MIT MANDELGELEE

Pro Port.: 595 kJ/141 kcal • Chol.: 1 mg
F: 3 g • E: 4 g • KH: 23 g • Ballastst.: 1 g

reicht für 2

dauert 20 Minuten
geliert 60 Minuten

für das Mandelgelee
4 EL Milch • **1/2 TL Agar-Agar** • **4 Tropfen Bittermandelaroma** • **1 EL Zucker**
außerdem
1/4 kleine Wassermelone • **1 EL gemahlene Pistazienkerne**

1 In einem kleinen Topf die Milch mit 1/8 Liter
Wasser und dem Agar-Agar verrühren. Unter
Rühren zum Kochen bringen und bei schwacher
Hitze etwa 2 Minuten leise kochen lassen.

2 Den Topf vom Herd nehmen. Bittermandelöl
und Zucker einrühren.

3 Eine flache Form mit kaltem Wasser ausspü-
len. Die warme Mandelmasse gleichmäßig darin
verlaufen lassen, 60 Minuten kalt stellen und
fest werden lassen.

4 Von der Wassermelone die Schale und die
Kerne entfernen. Das Fruchtfleisch in mundgerechte Scheiben oder Stücke schneiden.

5 Das Mandelgelee aus der Form stürzen und in
Rauten schneiden. Zusammen mit den Melo-
nenstücken anrichten und alles mit den gemahlenen Pistazienkernen bestreuen.

TIPP

Wenn Sie sich nicht ganz sicher sind,
ob sie das intensive Bittermandelaroma auch wirklich mögen, dosieren Sie
es etwas niedriger. Es unterstreicht
allerdings den Mandelgeschmack des
Gelees auf besondere Art – und gerade dieser Kontrast zur Wassermelone
ist das geschmackliche Geheimnis.

Register

Die Autorin

Sarah Klein, Diätassistentin und Öko-trophologin, hat ihr Hobby zum Beruf gemacht. Sie schreibt seit vielen Jahren Kochbücher, in denen sie gesundes Essen und Trinken vermittelt. Nach einem mehrjährigen Aufenthalt in den USA lebt und arbeitet sie heute in Hamburg.

Die Fotografin

Barbara Bonisolli gehört zur jungen Generation der Foodfotografen. Sie liebt gutes Essen und das passende Ambiente, das sie für ihre Fotos auch selbst gestaltet. Barbara Bonisolli arbeitet für Kochbuchverlage, Zeitschriften, Werbe- und Industriekunden. Zusammen mit ihrem Foodstylisten Hans Gerlach, gelernter Koch und Architekt sowie Mitinhaber der Agentur »food & text«, machte sie eigens für dieses Buch die ansprechenden Food-fotos.

Bildnachweis

Alle Bilder stammen von Barbara Bonisolli (Foodstyling: Hans Gerlach), München mit Ausnahme von:

Image Bank, München: 8 (Jason Homa), U4 u., 10 (Ghislain & Marie David de Lossy), 14 (Tim Bieber), 38 (Gary Cralle), 74 (Joanna Mc Carthy); Gettyimages, München: Titel-Peoplemotiv (FPG/Simon Otto Bottomley); Jump, Hamburg: 87 (Katharina Axelson); Stock Food, München: 59 (Susie Eising); The Stockmarket, Düsseldorf: 17 (Rob & Sas); Zefa, Düsseldorf: 9 (Taner), 12 (H. Schmied), 13 (Masterfile), 15 (Galvezo), 21 (Eggers), 23 (Benelux), 31, 83 (Wood), 32 (Gulliver), 44 (M. Thomsen), 50 (Sucre Sale), 62 (Nather), 66 (Emely), 79 (Pinto)

Hinweis

Das vorliegende Buch ist sorgfältig erarbeitet worden. Dennoch erfolgen alle Angaben ohne Gewähr. Weder Autorin noch Verlag können für eventuelle Nachteile oder Schäden, die aus den im Buch gemachten praktischen Hinweisen resultieren, eine Haftung übernehmen.

Impressum

Der Südwest Verlag ist ein Unternehmen der Econ Ullstein List Verlag GmbH & Co. KG, München.
© 2002 Econ Ullstein List Verlag GmbH & Co. KG, München

Alle Rechte vorbehalten. Nachdruck – auch auszugsweise – nur mit Genehmigung des Verlags.

Lektorat
Dr. Ute Paul-Prößler
Projektleitung
Alexandra Endres
Bildredaktion
Tanja Nerger
Foodfotografie
Barbara Bonisolli
Produktion
Manfred Metzger (Leitung), Annette Aatz, Monika Köhler
Umschlagkonzeption
Lohmüller Werbeagentur, Berlin
Umschlag
Manuela Hutschenreiter
Gestaltung Innenseiten
Eva Maria Salzgeber, München
DTP, Satz
Jan-Dirk Hansen

Printed in Italy

Gedruckt auf chlor- und säurearmem Papier

ISBN 3-517-06536-6